FRONTERAS
Second Edition
Cuaderno de ejercicios y manual del laboratorio

Nancy Levy-Konesky
Brandeis University

Karen Daggett
Boston College

Lois Cecsarini
Foreign Service

Harcourt Brace Jovanovich College Publishers
Fort Worth   Philadelphia   San Diego   New York   Orlando   Austin   San Antonio
Toronto   Montreal   London   Sydney   Tokyo

Copyright © 1992, 1987 by Holt, Rinehart and Winston, Inc.

All rights reserved. No part of this publication may be reproduced or transmitted in any form or by any means, electronic or mechanical, including photocopy, recording or any information storage and retrieval system, without permission in writing from the publisher.

Although for mechanical reasons all pages of this publication are perforated, only those pages imprinted with a Holt, Rinehart and Winston, Inc. copyright notice are intended for removal.

Requests for permission to make copies of any part of the work should be mailed to: Permissions Department, Harcourt Brace Jovanovich, Publishers, 8th Floor, Orlando, Florida 32887

Printed in the United States of America

ISBN: 0-03-049018-9

3 4 5 6 7 8 9 0 1   095   9 8 7 6 5 4

Preface

FRONTERAS: THE PROGRAM

Fronteras, second edition, is an integrated intermediate Spanish package whose primary goal is to help students acquire language proficiency while reviewing and broadening the grammar foundation attained in elementary Spanish. The program includes three components: a core grammar text, a literary/cultural companion, and a workbook/laboratory manual. Combined, they offer a complete and in-depth presentation of Spanish grammar, an overview of Hispanic literature and culture, an abundance of exercises and activities to stimulate conversation.

The three components make the *Fronteras* package very manageable for both students and instructor. The program is designed to give the teacher flexibility to choose the activities that most motivate and challenge students and are compatible with the instructor's methodology. *Fronteras* incorporates many of the most current successful techniques of foreign-language teaching, including the open-ended exercise and the functional approach to language use. Drawings and realia are used as a means to reinforce grammar points and cultural themes while providing opportunities for students to personalize the material and express their opinions in a creative and enjoyable manner.

Fronteras, second edition is divided into eight units. Each contains three lessons based on a common theme. Vocabulary as well as grammar points and themes are coordinated in all three components.

Fronteras: Gramática y conversación, *second edition*

The second edition of *Fronteras: Gramática y conversación* offers clear, concise grammar explanations within in a contextualized cultural framework that facilitates the student's acquisition of competence in communication. Although emphasis is placed on Spanish language acquisition for oral proficiency, students also practice listening, reading, and writing skills. We have tried to avoid the use of structures in early readings that have not yet been presented in the grammar lessons. It is important to note that the subjunctive is presented relatively early and is reviewed and reinforced throughout the text.

Fronteras: Literatura y cultura, *second edition*

Each unit contains three or four readings of various genres that reflect the richness and diversity of the Hispanic world. Although this component may be used independently, the readings, activities, and vocabulary correspond thematically to the other two components.

Fronteras: Cuaderno de ejercicios/Manual del laboratorio, second edition

This component accompanies *Fronteras: Gramática y conversación* and is both a laboratory manual and an exercise and activity book. It is designed to practice and develop the four language skills. The exercises and activities reinforce the vocabulary and structures that are taught in the corresponding lessons of the core grammar text.

The laboratory program provides ample opportunity for the student to develop confidence and competency in speaking and understanding Spanish. It includes grammar exercises that are different from those in the main text, such as pattern drills, question-and-answer practice, and listening-comprehension exercises. Pronunciation, intonation, and dictation exercises are designed to help the student better approximate the sound and rhythms of Spanish. The exercises practice vowels and consonants, accentuation, correct intonation patterns, and troublesome areas of pronunciation. The listening comprehension exercises are short, timely selections that include poems, dialogues, and narrations, each followed by questions that test the student's comprehension. The voices on the tapes are of native speakers from different countries in order to expose the student to a variety of Spanish accents.

New to this edition of the laboratory program are listening comprehension exercises based on the audio track of several episodes of the *Cámara 1* video cassette program, available to users of *Fronteras, second edition*. For those wishing to follow up the audio exercises with a viewing of the video cassette, references are given in footnotes as to where the segments may be found on the video.

The complete tapescript of the audio laboratory program is available upon request from the publisher.

The exercise and activity book contains a wide variety of grammar exercises. Some are traditional (translations, transformations, substitutions, fill-ins) and others are proficiency oriented (open-ended, communicative). The workbook may be used as additional practice for students outside class, or it may be incorporated into the class curriculum. Realia is used in exercises to introduce cultural themes and to practice grammar points while providing students with practical opportunities to communicate in the target language.

We would like to thank the following for their contributions to this workbook.

"Ante los exámenes" reprinted by permission of *Semana*, Bogotá.

"Casa del Sol" reprinted by permission of *Casa del Sol*.

"Camp Fire" reprinted by permission of Camp Fire, Inc.

© Success Division of Gibson Greeting Cards, Inc.

El Ayuntamiento de Córdoba, España.

Dr. Alan Altman.

N. L.-K., K.D., L.C.

CONTENTS

Preface iii

Cuaderno de Ejercicios 1

Lección *1* El primer día de clases 3
Lección *2* Son muchos los requisitos 13
Lección *3* ¿Hay trabajo para mí? 21
Lección *4* Padres y parientes 29
Lección *5* Mi rinconcito 35
Lección *6* Cuando yo era pequeño… 43
Lección *7* ¿Y a qué hora empiezas tú el día? 51
Lección *8* Comer sin vino, comer mezquino 57
Lección *9* ¿Qué hacemos esta noche? 65
Lección *10* Mi itinerario 71
Lección *11* …y con baño privado, por favor 79
Lección *12* De compras 85
Lección *13* ¡Llueve a cántaros! 93
Lección *14* Medias Rojas 2; Tigres 0 99
Lección *15* Y, las noticias… 105
Lección *16* Herederos de la Raza 111
Lección *17* De donde crece la palma 117
Lección *18* Isla del Encanto 123
Lección *19* El amor hace girar al mundo 131
Lección *20* ¿El que manda? 137
Lección *21* La mujer hispana: ¿en camino o en cadenas? 143
Lección *22* Como de costumbre 151
Lección *23* El alma hispana 155
Lección *24* ¡Celebremos! 161

Manual del laboratorio   *165*

Lección 1   El primer día de clases   167
Lección 2   Son muchos los requisitos   171
Lección 3   ¿Hay trabajo para mí?   175
Lección 4   Padres y parientes   179
Lección 5   Mi rinconcito   183
Lección 6   Cuando yo era pequeño…   185
Lección 7   ¿Y a qué hora empiezas tú el día?   189
Lección 8   Comer sin vino, comer mezquino   193
Lección 9   ¿Qué hacemos esta noche?   197
Lección 10   Mi itinerario   201
Lección 11   …y con baño privado, por favor   203
Lección 12   De compras   205
Lección 13   ¡Llueve a cántaros!   209
Lección 14   Medias Rojas 2; Tigres 0   213
Lección 15   Y, las noticias…   215
Lección 16   Herederos de la Raza   219
Lección 17   De donde crece la palma   223
Lección 18   Isla del Encanto   227
Lección 19   El amor hace girar al mundo   231
Lección 20   ¿El que manda?   233
Lección 21   La mujer hispana: ¿en camino o en cadenas?   237
Lección 22   Como de costumbre   241
Lección 23   El alma hispana   245
Lección 24   ¡Celebremos!   249

Seluciones (Answer key to the Manual de laboratorio)   *251*

FRONTERAS
Cuaderno de ejercicios y manual del laboratorio

Cuaderno de ejercicios

NOMBRE _____ FECHA _____ CLASE _____

LECCIÓN 1

El primer día de clases

VOCABULARIO

Escoja Ud. un elemento de la columna I y uno de la columna II para completar cada frase.

1. Busco papel para _____
2. El título de doctorado es necesario para _____
3. Pagamos la matrícula _____
4. Juan está muy impaciente para _____
5. Mi compañero se especializa _____
6. La computadora es más rápida que (*than*) _____
7. Tenemos que comprar los libros _____
8. Es necesario mantener silencio _____
9. Voy a menudo _____
10. Para pagar los gastos, voy a pedir _____

a. la máquina de escribir
b. en derecho
c. enseñar en la universidad
d. hacer cola ahora
e. en la biblioteca
f. una beca
g. hacer la tarea
h. en la librería
i. a la cafetería
g. en el edificio administrativo

I. El presente de indicativo

A. Es el primer día de clases y los estudiantes están en la clase de español esperando al profesor. Ester y Pablo tienen muchas preguntas sobre cómo va a ser la clase. Forme Ud. preguntas de las frases siguientes según el modelo.

MODELO El profesor es estricto.
 ¿Es estricto el profesor?
 ¿El profesor es estricto?

1. El profesor Granero da la conferencia. _____

2. Él siempre pasa lista. _____

3. Los estudiantes no pueden llegar tarde. _____

4. La asistencia es obligatoria. _____

5. Nosotros debemos ir mucho al laboratorio de lenguas. _____

6. Los libros no están en la librería. _____

7. El profesor habla sólo en español. _____

8. La clase es estupenda. _____

B. *Cambie Ud. el verbo del singular al plural.*

MODELO   Ud. come muchas hamburguesas.
               Uds. comen muchas hamburguesas.

1. Yo escribo dos cartas todos los días.

2. Ella trabaja en la librería de su universidad.

3. Tú siempre llegas tarde a clase.

4. El estudia la literatura española.

5. Ud. toma café antes de la clase.

6. Ella debe salir para la escuela.

7. Yo asisto a la conferencia mañana.

8. Tú recibes muchas llamadas de tu familia.

NOMBRE _____ FECHA _____ CLASE _____

C. *Cambie Ud. el verbo del plural al singular.*

1. Ellos escriben a máquina.
   _____

2. Uds. comparten chicle con los compañeros.
   _____

3. Nosotros nunca desayunamos en la cafetería.
   _____

4. Ellas tocan el violín en la orquesta.
   _____

5. Uds. solicitan una beca para estudiar en Francia.
   _____

D. *Cambie Ud. el verbo según el nuevo sujeto.*

1. Tú preparas la charla. Ud. _____.

   Yo _____.

   María _____.

   Pablo y yo _____.

   Nosotras _____.

2. Yo asisto a clase. Mis amigos _____.

   El chico _____.

   Juana y yo _____.

   Tú y mi primo _____.

   Tú _____.

3. Nosotras vendemos los libros. Tú _____.

   Roberto _____.

   Ella _____.

   Yo _____.

   Los estudiantes _____.

Lección 1

4. Pienso hacer la tarea más tarde. Tú _____.

   Él _____.

   Vosotros _____.

   Marta y yo _____.

   Juan y su abuelo _____.

5. El profesor almuerza a las doce en punto. Yo _____.

   Las alumnas _____.

   Mi amiga _____.

   Mis padres _____.

   Tú _____.

6. No duermo bien la noche antes de un examen. Nosotros _____.

   Mis compañeros _____.

   Mi profesora _____.

   Tú _____.

   Uds. _____.

7. Sigo otro curso este semestre. Magdalena _____.

   Tú y yo _____.

   Tú y Fernando _____.

   Su hermana _____.

   Raúl y Rafael _____.

E. *Es el primer día de clase, y el profesor de su clase de español hace una encuesta (survey) para conocer mejor a sus estudiantes. Conteste Ud. las preguntas con la forma correcta del verbo.*

1. ¿Qué carrera sigue Ud.?

   _____

2. ¿En qué curso está?

   _____

3. ¿A cuántas personas famosas conoce?

   _____

4. ¿Qué sabe de este curso?

   _____

NOMBRE _____ FECHA _____ CLASE _____

5. ¿Prefiere los trabajos escritos (*written*) u orales?
   _____

6. ¿Tiene un ordenador o una máquina de escribir aquí en la universidad?
   _____

7. ¿Hace la tarea solo o en grupos?
   _____

8. ¿Cuándo ve televisión?
   _____

9. ¿Cuándo oye música?
   _____

10. ¿Por qué escoge esta clase?
    _____

F. Llene Ud. el espacio con la forma correcta del verbo entre paréntesis.

El bedel

En los corredores y aulas de las universidades españolas, uno (ver) _____ con frecuencia a hombres oficiales que (llevar) _____ uniformes de azul marino. Estos empleados de la universidad (llamarse) _____ bedeles. El bedel (ayudar) _____ al profesor con toda clase de faenas (*tasks*). (Sacar) _____ fotocopias, (hacer) _____ anuncios importantes en las clases y le (decir) _____ al profesor cuando la clase se (haber) _____ terminado. (Ser) _____ los bedeles los que (conseguir) _____ las notas finales de los estudiantes y se las (entregar) _____ a ellos. A veces, los estudiantes le (pagar) _____ al bedel por esa información.

G. La universidad no es gratuita. Hay que pagar muchos gastos. Conteste Ud. las siguientes preguntas con frases completas.

1. ¿Quiénes pagan los gastos de la universidad?
   _____

2. ¿Tienen empleo sus compañeros de cuarto? ¿Dónde trabajan? ¿Cuándo?
   _____
   _____

3. ¿Cuándo le piden Ud. ayuda financiera (*financial help*) a la familia?

4. ¿Cuánto cuestan los libros cada año?

5. ¿Por qué (no) puede Ud. pagar toda la matrícula ahora?

6. ¿Cuándo consigue Ud. una beca?

7. ¿Qué cursos gratuitos ofrece la universidad?

8. ¿Cuándo venden Uds. los libros?

II. *Acabar de, ir a, volver a*

A. *Empleando las expresiones* **ir a** *y* **acabar de**, *escriba Ud. una pregunta y una respuesta según el modelo.*

MODELO estudiar la lección / tú
  ¿Vas a estudiar la lección?
  No, acabo de estudiar la lección.

1. visitar a María / ellos

2. lavar el coche / José

3. comprar el periódico / Uds.

NOMBRE _____ **FECHA** _____ **CLASE** _____

4. repasar la tarea / la alumna

   _____
   _____

5. jugar al tenis / tú

   _____
   _____

6. contestar las preguntas / el profesor

   _____
   _____

B. *Conteste Ud. las siguientes preguntas según el modelo.*

MODELO   ¿Qué acaba de hacer Gabriel si está en el centro estudiantil?
              Acaba de charlar con sus amigos.

¿Qué...

1. ...acaba de hacer el profesor de español si está sentado en su escritorio?

   _____

2. ...acaba de hacer sus compañero de clase si está en el aula?

   _____

3. ...acaba de hacer su papá si sale del supermercado?

   _____

4. ...acaba hacer su compañero(a) de cuarto si está en la residencia?

   _____

5. ...acaba de hacer Ud. ahora?

   _____

C. *Escriba Ud. la frase empleando la expresión **volver a** + infintivo.*

MODELO   El niño escribe su nombre otra vez.
              El niño vuelve a escribir su nombre.

1. Luis prepara la cena otra vez.

   _____

2. Reinaldo nos llama otra vez.

   _____

3. El atleta se cae otra vez.

4. Miro la película otra vez.

5. Limpiamos el cuarto otra vez.

D. *Siga Ud. el modelo, empleando la expresión* **acabar de.**

MODELO ¡Apúrate! La profesora (devolver) los papeles en seguida.
¡Apúrate! La profesora devuelve los papeles en seguida.
¡Ya es tarde! Acaba de devolver los papeles.

1. ¡Apúrate! Los empleados (cerrar) la cafetería en seguida.

2. ¡Apúrate! Nosotros (mostrar) la película en seguida.

3. ¡Apúrate! El decano (decir) los resultados en seguida.

4. ¡Apúrate! Yo (escoger) las asignaturas en seguida.

5. ¡Apúrate! La profesora (corregir) el examen en seguida.

Y en resumen...

A. Traducciones

1. It does not cost a lot to attend the university.

NOMBRE _____ **FECHA** _____ **CLASE** _____

2. This afternoon Professor Suárez will give a lecture on Picasso.

   _____

   _____

3. Shall I return the book to the library?

   _____

4. I am going to have lunch, and you? —No, I just ate, and I'm not going to eat again.

   _____

   _____

   _____

B. Cosas que tengo que hacer. *Hoy es el primer día del semestre de otoño. Escriba Ud. una lista de diez cosas para mañana (comprar libros, etc.).*

UNIVERSIDAD DE BARCELONA

COSAS QUE TENGO QUE HACER MAÑANA

1. _____   6. _____
2. _____   7. _____
3. _____   8. _____
4. _____   9. _____
5. _____   10. _____

C. Así se dice. *Marta y Tomás se conocieron en una fiesta el año pasado. Se encuentran de nuevo después de un año sin verse. Llene Ud. los espacios con las expresiones apropiadas.*

Tomás   **Marta**

1. _____, Marta.   2. _____

                                     ¿_____?

3. _____. 4. _____

5. ¡Qué _____! 6. Tantas gracias, Tomás.

                                     ¿_____?

7. Sí. ¡Por supuesto!

Lección 1

D. Una carta al decano. *Escríbale Ud. una carta al decano en la cual le explica por que Ud. merece una beca. Emplee Ud. la primera persona singular (yo) de los verbos apropiados de la lista.*

seguir	saber	traer	conocer	merecer
poder	dar	tener	hacer	ser

_____

_____

_____

_____

_____

_____

_____

_____

_____

_____

NOMBRE _____ FECHA _____ CLASE _____

LECCIÓN 2

Son muchos los requisitos

VOCABULARIO

Llene Ud. el espacio con palabras de la lista. Luego, indique Ud. la clase en que se oyen estas frases.

tiempo	elecciones	preguntas	inflación
verbos	plantas	información	lados (*sides*)

1. Hay tres _____ en un triángulo.
   _____

2. Hay muchas _____ que son también medicamentos.
   _____

3. ¿Cuántos _____ irregulares hay en el tiempo presente? (*present tense*)
   _____

4. Este domingo hay _____ presidenciales en Bolivia.
   _____

5. Hoy día, hay _____ pero no hay mucho desempleo.
   _____

6. No hay _____ para trabajar en el laboratorio hoy.
   _____

7. ¿Hay _____ sobre el uso de este programa?
   _____

8. ¿Qué _____ hay en este artículo sobre la conducta de los adolescentes?
   _____

I. El presente del progresivo

A. *Cambie Ud. el verbo al tiempo progresivo del presente.*

MODELO Traduzco los documentos para el profesor.
  Estoy traduciendo los documentos para el profesor.

1. Susana corrige los errores en su cuaderno.

2. Leo los sonetos de Shakespeare.

3. Conducimos con mucho cuidado.

4. ¿Quién cierra las ventanas?

5. Escuchan la radio.

6. Repito las frases en el laboratorio de lenguas.

7. Arturo sueña con ir a México este verano.

8. ¿Sigues ese curso con el profesor Miranda?

B. *Conteste Ud. las preguntas usando el progresivo del presente.*

MODELO ¿Juegan al tenis tus compañeros de cuarto?
Sí, ahora mismo están jugando al tenis.

1. ¿Toca la guitarra tu amiga?

2. ¿Miran Uds. la televisión?

3. ¿Duerme mucho tu compañero de cuarto?

4. ¿Haces la tarea de francés?

5. ¿Sirven el almuerzo en la cafetería?

NOMBRE _____ FECHA _____ CLASE _____

C. *Complete Ud. las frases con un verbo apropiado, según el modelo.*

Verbos: seguir   ir   venir   andar

MODELO   **No tengo tiempo ahora. Voy corriendo. (correr).**

1. Ramón falta muchas clases este año, pero _____ (sobresalir) en los exámenes.

2. Ella siempre _____ (decir) mentiras acerca de sus profesores.

3. Cuando digo que hay pizza, todos _____ (correr).

4. El bibliotecario dice "Silencio", pero ellos _____ (susurrar).

5. ¿Qué pasa? ¿Por qué _____ (gritar) los estudiantes?

II. *Ser* y *estar*

*Llene Ud. el espacio con la forma correcta de **ser** o **estar**.*

ANA: Teresa, ¿_____ lista? Ya _____ las doce menos diez y la clase empieza a las doce en punto. El profesor _____ muy puntual. Y la clase _____ muy lejos de aquí.

TERESA: Momentito. Quiro ver si hay cartas para mí. Si hay una tarjeta postal (*postcard*), y _____ de David. A ver… ¿qué cuenta? Dice que él _____ en España y _____ asistiendo a un curso intensivo sobre la historia. Dice que todas las asignaturas _____ requisitos, pero que no _____ difíciles, y que ninguna clase _____ aburrida. En fin, él _____ muy bien.

ANA: No me sorprende. David _____ listo, siempre _____ preparado, y los idiomas extranjeros _____ su especialización. Él habla perfectamente el español porque sus padres _____ de Sudamérica, ¿verdad?

TERESA: No sé de dónde _____ su papá. De Chile, quizás. Pero su mamá _____ mexicana. De esto yo _____ segura. Ella prepara enchiladas que siempre _____ riquísimas.

ANA: Oye, Teresa. Parece que tú _____ muy contenta con tu selección de carrera. _____ especializándote en francés y administración, ¿no?

TERESA: Sí. Creo que _____ una buena combinación.

ANA: Yo _____ de acuerdo. Yo _____ interesada en ingresar en una clase nocturna de francés, y por tres razones. Primero, _____ muy importante saber de otras culturas. Además, el profesor _____ muy guapo y dinámico.

TERESA: Y ¿cuál _____ la tercera razón?

ANA: Pues, el año que viene tú vas a _____ en Francia y quiero visitarte.

Y en resumen...

A. Diálogo. Lea Ud. el diálogo siguiente y luego conteste las preguntas.

JOSÉ: Hola Paula. ¿Qué tal estás?

PAULA: Muy preocupada.

JOSÉ: ¿Por qué? ¿Qué pasa?

PAULA: Pues, tengo un examen en mi clase de historia española, y no recuerdo el nombre del rey de España. Oye José. Tú eres español. ¡Ayúdame!

JOSÉ: Yo no soy español. Soy mexicano—de México. Pero yo sé la respuesta. Es Juan Carlos de Borbón.

PAULA: Muchas gracias. ¡Ay! Aquí viene el profesor. Voy corriendo.

JOSÉ: Adiós, y buena suerte.

1. ¿Dónde están José y Paula?
   _____

2. ¿Qué tal está Paula? ¿Por qué?
   _____

3. ¿Quién es el rey de España?
   _____

4. ¿Por qué sale con prisa (*in a hurry*) Paula?
   _____

NOMBRE _____ FECHA _____ CLASE _____

A continuación. *Ahora, escriba Ud. un diálog original.*

Al día siguiente...

JOSÉ: _____

PAULA: _____

JOSÉ: _____

PAULA: _____

B. Traducciones

1. Tomorrow I have exams in three very difficult subjects: physics, chemistry, and biology.

   _____

   _____

2. I've been taking notes for two hours and I'm tired. _____

   _____

3. My roommate is nervous about her accounting class. She has missed class for a month and she has two

   papers to hand in this week. _____

   _____

4. Roberto is very happy; he has just finished his exams. He is sleeping right now. _____

   _____

5. My biology exam is going to be easy. We all get good grades in the class and we are never bored because

   the teacher is not boring. _____

   _____

C. En la biblioteca. *Ud. es estudiante de arquitectura en Valencia. Vive con una familia en la calle Goya, número 26. Necesita consultar el libro,* Mis edificios favoritos *por Antonio Gaudí para su clase de diseño. Llene Ud. esta tarjeta para sacar el libro de la biblioteca.*

```
ARQUITECTURA TECNICA
    Biblioteca

Autor: _____
Título: _____
        ┌ Apellidos: _____
        │ Nombre: _____
Lector: │ Domicilio: _____
        └ Teléfono: _____

Valencia _____ de _____ de 19___
              Firma del lector:
```

Lección 2   *Copyright © 1992 Holt, Rinehart and Winston, Inc. All rights reserved*   17

D. Horarios. *Llene Ud. los formularios siguientes—el primero con su horario de asignaturas que tiene este año, y el segundo con el horario ideal. Compare los resultados con la clase.*

```
ESCUELA UNIVERSITARIA DEL PROFESORADO DE VALENCIA

HORARIO DE CLASES                            CURSO 1.991-92
```

HORAS	LUNES	MARTES	MIERCOLES	JUEVES	VIERNES
1º h.					
2ª h					
3ª h					
4ª h				/////	
(*) 5ª h. y Optativ.				/////	

(*) 5ª hora sólo para 1º Curso y hora de optativa para 2º y 3º Curso.

1ª h y Optativ.					
2ª h					
3ª h					
4ª h				/////	
(*) 5ª h				/////	

Estudiante: _____
Facultad: _____
Domicilio: _____

(*) 1ª hora sólo para 1º Curso y hora de optativa° para 2ª y 3º.

elective

E. Consejos para los exámenes. *Lea Ud. el artículo siguiente y conteste las preguntas.*

Ante los exámenes

Junio, mes de oposiciones y exámenes. Entre el cansancio° de todo un año y las cercanas vacaciones por delante, pocas son las ganas de estudiar.

Mil medicinas inundan° el mercado. Algunas simples y otras dañinas,° como las anfetaminas. Poco importa, ninguna sirve.

Más vale seguir algunos consejos, que serán más económicos y sencillos que las píldoras, viables, bebibles o polvos° mágicos.

● Estudiar cuando se está psíquicamente descansado.° Si hay fatiga es mejor dejar los libros, efectuar un poco de actividad física y oxigenarse.
● No comer en forma abundante, si no pequeñas colaciones° cada dos horas.
● Elegir comidas ricas en proteínas: carne, leche, huevos, quesos, soja.°
● Pocos azúcares, pero sin excluirlos totalmente de la dieta.
● La menor cantidad posible de grasas.°
● Dormir un número mínimo de ocho horas y jamás intentar dejar de dormir tomando grageas° estimulantes.
● Tratar de comprender y no de memorizar.

fatigue

flood
harmful

powders

rested

light snacks
soybean

fats

pills

NOMBRE _____ FECHA _____ CLASE _____

1. ¿Por qué es difícil estudiar para los exámenes de fin de año?

   _____
   _____

2. ¿Qué consejos da el artículo con respecto a la comida?

   _____
   _____

   ¿el ejercicio?

   _____
   _____

   ¿los métodos de estudiar?

   _____
   _____

   ¿las medicinas?

   _____
   _____

3. ¿Está Ud. de acuerdo con estos consejos? ¿Por qué sí o no?

   _____
   _____

4. ¿Cuáles son otros consejos útiles para ayudar al estudiante?

   _____
   _____
   _____

F. Así se dice. Hablando por teléfono. Conteste Ud. las siguientes preguntas.

1. ¿Está José por favor?

   _____

2. ¿Quiere volver a llamar más tarde?

   _____

3. ¿Qué número marca Ud.?

   _____

Lección 2

4. ¿Acepta Ud. los cargos?

   _____

5. ¿Quisiera dejar un recado?

   _____

NOMBRE _____ FECHA _____ CLASE _____

LECCIÓN 3

¿Hay trabajo para mí?

VOCABULARIO

A. *El jefe trabaja con la secretaria. ¿Con quién trabaja...*

1. la juez? _____
2. el cocinero? _____
3. la médica? _____
4. el arquitecto? _____
5. el bailarín? _____
6. la contadora? _____
7. el maestro? _____
8. la plomera? _____

B. *Combine Ud. un elemento de la columna I y uno de la columna II para completar cade frase. Luego, identifique la profesión a que se refiere.*

Profesión	I	II
1.	Contesto el teléfono y recibo _____	a. todo tipo de animales
2.	Soy _____	b. a mantener el orden público
3.	Atiendo a los clientes _____	c. a las visitas
4.	Llevo uniforme y pistola y ayudo _____	d. piloto interplanetario
5.	En mi consultorio hay _____	e. entrevistas
6.	Hago _____	f. en las tiendas

I. Los sustantivos

A. *Dé Ud. el artículo definido apropiado.*

1. _____ Atlántico
2. _____ jueves
3. _____ primavera
4. _____ voluntad

5.	_____ actriz		13.	_____ nacionalidad
6.	_____ valle		14.	_____ mano
7.	_____ sistema		15.	_____ apartamento
8.	_____ serie		16.	_____ paréntesis
9.	_____ muchedumbre		17.	_____ llave
10.	_____ sección		18.	_____ avión
11.	_____ abogado		19.	_____ español
12.	_____ prognosis		20.	_____ modelo

Escriba Ud. forma correcta de las palabras siguientes en el singular y el plural.

MODELO fiesta / divertido
  una fiesta divertida, unas fiestas divertidas

1. planeta / lejano

   _____

2. verano / estupendo

   _____

3. meastra / aburrido

   _____

4. persona / famoso

   _____

5. alumna / sobresaliente

   _____

6. cuaderno / rojo

   _____

7. drama / clásico

   _____

8. lección / fácil

   _____

9. lápiz / amarillo

   _____

NOMBRE _____ FECHA _____ CLASE _____

10. paraguas / roto
   _____

II. Adjetivos

A. Mencione Ud. dos cosas (una en singular, otra en plural) que Ud. asocia con los siguientes adjetivos.

MODELO   rojo
   Las manzanas son rojas.
   El vino es rojo.

1. fácil _____
   _____

2. blanco _____
   _____

3. duro _____
   _____

4. transparente _____
   _____

5. elegante _____
   _____

6. dulce _____
   _____

7. estupendo _____
   _____

8. ágil _____
   _____

9. feroz _____
   _____

10. exitoso _____
    _____

B. *A veces, Rodolfo olvida que las mujeres también participan en el mundo del trabajo. Siga Ud. el modelo.*

MODELO   *El señor García* es un instructor superior.
   Rodolfo, la señora García es una instructora superior, también.

1. *Los atletas* de la universidad son muy ágiles.

   _____

2. *El ingeniero Hernández* es muy trabajador.

   _____

3. *El psiquiatra* es un médico capaz.

   _____

4. *Los cajeros* en este banco son siempre muy corteses.

   _____

5. *El fotógrafo* es bastante artístico.

   _____

6. *El farmacéutico* de la clínica es excelente.

   _____

7. Todos dicen que *el juez* es muy honesto.

   _____

8. *Los bomberos* de esta ciudad son extraordinarios.

   _____

III. La preposición personal *a*

*Llene Ud. el espacio con la **a** personal si es necesario. Haga todos los cambios apropiados.*

1. Juana lleva _____ sus libros, _____ su hermana, _____ mucho dinero, _____ Carlos, _____ el cuaderno.

2. Vemos _____ nuestro perro, _____ la película, _____ la profesora, _____ alguien, _____ el estadio.

3. Uds. deben visitar _____ España, _____ el museo de arte, _____ sus tíos, _____ el Perú, _____ Manuel.

NOMBRE _____ FECHA _____ CLASE _____

4. No conoces _____ la canción, _____ nadie, _____ el decano, _____ el pueblo, _____ un buen restaurante.

5. Ellos necesitan _____ un plomero, _____ más vino, _____ dos aspirinas, _____ estudiar más, _____ un maestro de italiano.

Verbas

Las personas siguientes están quemadas (burned out) en sus trabajos. Lea Ud. sus síntomas (symptoms) para ver si Ud. también está quemado(a). Escriba Ud. la forma correcta del verbo entre paréntesis. A veces hay que escoger entre dos verbos.

ADELA: Mi esposo, Vicente, (pasar) _____ más tiempo en su trabajo y (producir) _____ menos. (Querer) _____ renunciar su trabajo; dice que (estar / ser) _____ muy aburrido.

MANUEL: Yo (empezar) _____ a pasar mucho tiempo en actividades escapistas. Yo (soñar) _____ con viajar a lugares exóticos. También (preferir) _____ (ser / estar) _____ solo.

LOLA y ELISA: Nosotros no (poder) _____ concentrar. (Ser / estar) _____ muy nerviosas últimamente. (Perder) _____ las llaves (*keys*) y otras cosas, no (recordar) _____ los números de teléfono de nuestros amigos y (querer) _____ dormir mucho ¡(ser / estar) _____ terrible!

Un experto comenta sus problemas:

Adela, su marido (ser / estar) _____ un joven executivo. Él trabaja largas horas porque (querer) obtener un puesto de poder (*power*). Pero él (descubrir) _____ que siempre hay otra persona con más poder. Él necesita limitar su vida profesional.

Manuel, como todos los maestros de niños, Ud. (ser / estar) _____ una persona super-idealista. Siempre (pensar) _____ que (poder) _____ hacer más. Por eso, Ud. no (ser / estar) _____ satisfecho en el trabajo.

Lola y Elisa, Uds. (morir) _____ en su trabajo porque (querer) _____ (ser / estar) _____ supermujeres.

Lección 3

Amigos, su vida y carrera (poder) _____ (volver) _____ a un curso normal si Uds. (recordar) _____ que (ser / estar) _____ esencial separar la vida profesional de la vida privada, y que nadie (poder) _____ hacer todo. Ahora, ¿cree Ud. que está quemado también? ¿Cuáles son los síntomas que tiene? ¿Cuál es la solución?

_____

_____

_____

_____

A. Traducciones

1. Hi, Sofía! Raúl says that you're going to talk to Mr. Ramírez again. _____

    _____

2. No. I have a job interview tomorrow and I just remembered that I need an application from his office.

    _____

    _____

3. But I think the office is closed. _____

4. What am I going to do now? I can't miss this interview. It's a great opportunity for me, and I'm sure a hundred people want the same job. _____

    _____

5. Aren't there applications in the dean's office? Let's go see. Sofía, how long have you had this interview?

    _____

B. Las computadoras y su futuro. *Refiriéndose al anuncio en la página 27, conteste Ud. las preguntas siguientes.*

1. ¿Qué enseñan en este curso?

    _____

2. ¿Cuándo se ofrece?

    _____

3. ¿Cuánto cuesta?

    _____

NOMBRE _____ FECHA _____ CLASE _____

"CURSO DE COMPUTADORAS PARA JOVENES" ICM de México.
Abre sus puertas para que los JOVENES aprendan a programar MICROS.
"CURSO PARA JOVENES DE 12 a 15 AÑOS"

TEMARIO:
1.- ¿Qué es una computadora?
2.- Instrucciones
3.- Haciendo programas
4.- Haciendo gráficas

DATOS DEL CURSO:
Total de horas: 30
Horario: 16:00 a 18:00 hrs.
Frecuencia: lunes, miércoles y viernes.
Fecha de inicio: 27/feb/91
Costo: $14,000.00 + IVA.

"CONTAMOS CON OTRO CURSO ESPECIAL PARA JOVENES DE 12 a 15 AÑOS"

4. ¿Qué es una computadora?
   _____

5. ¿Cuáles son algunos usos de las computadoras?
   _____
   _____

6. ¿Sabe Ud. usarlas?
   _____

7. ¿Es importante hoy día saber usar computadoras para conseguir empleos?
   _____

8. ¿Qué tipo de empleos requieren el conocimiento de las computadoras?
   _____
   _____

C. El futuro. *Refiriéndose al anuncio en la página 28, conteste Ud. las preguntas siguientes.*

1. ¿Qué servicios ofrece Casa del Sol?
   _____

2. Si Ud. quiere más información, ¿qué debe hacer?
   _____

3. ¿Está Ud. confundido(a) sobre su futuro?
   _____

4. ¿Piensa Ud. en lo que va a hacer dentro de tres o cuatro años?

_____

5. ¿Cuáles son algunas posibles oportunidades para un(a) graduado(a) de la escuela secundaria?

_____

_____

6. ¿Cuáles son las ventajas y desventajas de cada una?

_____

_____

_____

_____

_____

_____

LECCIÓN 4

Padres y parientes

VOCABULARIO

A. *Forme Ud. frases para describir las palabras, empleando las palabras indicadas en cada ejemple.*

MODELO   compadre: íntimo, padres, pariente
En una familia hispana, el compadre es un amigo íntimo de los padres. Es como un pariente.

1. cumpleaños: nacimiento, fiesta, fotografías

2. niño mimado: llorar, juguete, travieso

3. padres: criar, niños, obedecer

4. abuelos: nietos, recordar, niñez

5. hermanos: jugar, llevarse bien, gemelos

6. niñera: joven, cuidar de, confiar en

I. El pretérito

A. *Cambie Ud. el verbo en el pretérito del plural al singular.*

1. llegamos _____
2. buscamos _____
3. apagamos _____
4. sacamos _____
5. almorzamos _____
6. leyeron _____
7. creyeron _____
8. contribuyeron _____
9. cayeron _____
10. durmieron _____

11. prefirieron _____
12. divirtieron _____
13. sintieron _____
14. despidieron _____
15. hicimos _____
16. trajimos _____
17. quisimos _____
18. fuimos _____
19. estuvimos _____
20. vinimos _____

B. *Cambie Ud. el verbo según el modelo.*

MODELO   estudiar (yo)
Hoy estudio mucho pero ayer estudié más.

1. comer (nosotros)

   _____

2. dormir (María)

   _____

3. leer (José)

   _____

4. pedir (las niñas)

   _____

5. decir (el profesor)

   _____

6. traducir (el intérprete)

   _____

7. pagar (yo)

   _____

8. hacer (nosotros)

   _____

9. servir (la criada)

   _____

10. practicar (yo)

    _____

NOMBRE _____ FECHA _____ CLASE _____

C. Anoche sus padres asistieron al teatro y Ud. y su hermano José se quedaron en casa. Al día siguiente, les preguntaron a Uds. sobre sus actividades. Conteste Ud. las preguntas.

1. ¿Quiénes vinieron a la casa a jugar?
   _____

2. ¿Jugaron Uds. en sus cuartos o salieron a jugar afuera?
   _____

3. ¿Quién llamó por teléfono? ¿Qué dijo?
   _____

4. ¿Qué tarea hiciste? ¿Y tu hermano?
   _____

5. ¿Qué programas vieron Uds. en la televisión?
   _____

6. Tú y José, ¿cómo se comportaron? ¿Se llevaron bien?
   _____

7. ¿Qué recordaron hacer Uds. antes de acostarse?
   _____

8. ¿A qué hora te acostaste? ¿Y José?
   _____

D. Escriba Ud. cinco cosas que Ud. hizo anoche.

1. _____
2. _____
3. _____
4. _____
5. _____

E. Forme Ud. frases con el pretérito de los verbos **querer** y **poder** y con las palabras y frases en las dos columnas, según el modelo.

MODELO   Ramón / en la cafetería con sus amigos porque (ir) a una pizzería.
   Ramón quiso comer en la cafetería con sus amigos pero no pudo porque fueron a una pizzería.

Lección 4

1. los niños / chocolates   a. no (recibir) nuestro cheque
2. Andrea / sopa   b. (venir) muy tarde del trabajo
3. Yo / con mi esposo   c. sus padres les (decir) que no
4. Nosotros / en un restaurante d. su mamá (poner) tomates y no le gustan
5. Ella / ensalada   e. (estar) muy caliente

1. _____
2. _____
3. _____
4. _____
5. _____

F. Describa Ud. lo que pasó en el último episodio de su programa de televisión favorito.

_____
_____
_____
_____
_____
_____

Y en resumen...

A. Traducciones

1. Cecilia turned 95 years old last Sunday. She is the oldest of the family. We celebrated her birthday with a big party.

_____
_____

2. The grandparents came from New York for the party last Sunday. Uncle Sam came, too.

_____
_____

3. Who are Silvia and Silvestre? They are husband and wife. She is the daughter of cousin Enrique.

_____
_____

NOMBRE _____ FECHA _____ CLASE _____

4. Juan was very naughty. He always behaves badly. But his parents didn't want to punish him during the party. _____

_____

5. Aunt Ema made the meal; her mother-in-law took care of the children.

_____

6. The twins cried a lot; they went home early with the baby-sitter.

_____

7. Cecilia told stories of her childhood and of her birth in a little village in Argentina. What a life she led!

_____

B. La escuela particular. Lea Ud. el anuncio y conteste las preguntas que siguen.

DE INTERES PARA LOS NIÑOS.

Todos los sábados de 10 a 12 de la mañana tenemos un programa que estamos seguros interesará a los niños.

Se trata de dedicar esas dos horas de la mañana del sábado a aprender inglés de una forma efectiva y amena

Inmersos en un ambiente totalmente inglés los niños "viajarán" a Inglaterra todas las semanas.

Aprenderán el inglés
Jugarán
Actuarán

 ¡en inglés!

A través del video vivirán divertidas aventuras

Esperarán con impaciencia que llegue el sábado siguiente para aprender más inglés.

Niños a partir de 7 años

Distintos niveles.

1. Imagine que Ud. asistió a esta escuela el año pasado. Descríbale a su amigo tres actividades que hizo. Luego describa Ud. tres actividades que hizo en grupo usando (nosotros…).

   _____
   _____
   _____
   _____
   _____

2. ¿Asistió Ud. a una escuela particular de niño(a)?

   _____

3. ¿Cuáles son algunas ventajas y desventajas de una escuela particular?

   _____

4. ¿Aprendió Ud. un idioma extranjero de niño(a)?

   _____

5. ¿Es importante aprender otros idiomas de niño(a)? ¿Por qué?

   _____

C. Así se dice. Escriba Ud. frases que evoquen las siguientes respuestas.

1. ¡De ninguna manera! _____
   _____

2. ¡Ni hablar! _____
   _____

3. ¡Claro que no! _____
   _____

4. ¡Qué ridículo! _____
   _____

5. ¡Qué va! _____
   _____

NOMBRE _____ FECHA _____ CLASE _____

LECCIÓN 5

Mi rinconcito

VOCABULARIO

Su casa necesita una buena limpieza pero, ¡llegan sus invitados en 30 minutos! Arregle Ud. las tareas domésticas en el orden de más necesidad e indique tres tareas que puede eliminar. Explique sus respuestas.

MODELO   barrer el garaje
No necesito barrer el garaje porque mis invitados van a entrar por la puerta y no van a ver el garaje.

1. arreglar los muebles _____ _____
2. pasar la aspiradora _____ _____
3. limpiar las ventanas _____ _____
4. fregar el suelo de la cocina _____ _____
5. limpiar el retrete _____ _____
6. cortar el césped (*lawn*) _____ _____
7. lavar y planchar las cortinas _____ _____
8. hacer las camas _____ _____

I. El imperfecto

A. *Cambie Ud. los verbos al imperfecto.*

MODELO   (la niña) poner la mesa / (la madre) cocinar
La niña ponía la mesa mientras la madre cocinaba.

1. (el cantante) cantar / (los músicos) tocar la guitarra

   _____

2. (yo) mirar la televisión / (mi hermana) dormir

   _____

3. (los estudiantes) bostezar / (el profesor) dar una conferencia

   _____

4. (el niño) comer helado / (su tío) tomar café

_____

5. (Jorge) limpiar su cuarto / (Paco) jugar a las cartas

_____

B. Es el año 2035. Explíquele Ud. a su nieto cómo eran las cosas cuando Ud. tenía 20 años.

MODELO   los jóvenes / escuchar
Los jóvenes escuchaban música nueva onda.

1. muchas muchachas / estudiar _____
   _____

2. un profesor / ganar _____
   _____

3. los niños / pedir _____
   _____

4. el cine / costar _____
   _____

5. los ricos / viajar a _____
   _____

6. un libro popular / ser _____
   _____

7. una mujer siempre _____
   _____

8. un hombre casi nunca _____
   _____

C. Ahora, vuelva al presente. Describa ahora las mismas costumbres, pero esta vez pensando en el pasado, y empleando las expresiones.

Hace 50 años... o hace 100 años...

1. _____
2. _____
3. _____
4. _____

NOMBRE _____ FECHA _____ CLASE _____

5. _____
6. _____
7. _____
8. _____

***D.** Escriba Ud. las frases según el modelo.*

MODELO (yo) comer / (Juan) entrar en la cocina
Yo comía cuando Juan entró en la cocina.

1. (Javier) leer / (el profesor) llegar

   _____

2. (Papá) lavar platos / (mamá) volver

   _____

3. (los niños) jugar / (yo) romper la ventana

   _____

4. (nosotros) estudiar / (Susana) llamar por teléfono

   _____

5. (ellos) terminar el examen / (la campana) sonar

   _____

***E.** El sábado es el día para las tareas domésticas. La familia Urrea cree que es bueno variar las tareas de vez en cuando. Siga Ud. el modelo.*

MODELO Querida, ¿(preparar) **preparaste** la cena? (pedir pizza)
No. Antes siempre preparaba la cena. Hoy pedí pizza.

1. Hijo, ¿(limpiar) _____ el coche? (arreglar el garaje)

   _____

2. Julio y Carla, ¿(hacer) _____ el café? (preparar el chocolate caliente)

   _____

3. Elena, ¿(traer) _____ las frutas? (comprar las patatas)

   _____

4. Papá, ¿(ir) _____ al correo? (ir al supermercado)

   _____

5. Abuelitos, ¿(lavar) _____ la ropa? (planchar las cortinas)

6. Pepa, ¿(fregar) _____ el suelo del baño? (barrer la cocina)

_____

F. *Describa Ud. cómo eran las siguientes cosas o actividades desde el punto de vista indicado. Escriba una frase para cada una, empleando el imperfecto.*

MODELO   una conferencia (el científico, papá)
  Para el científico era fascinante.
  Para papá era aburrida.

1. un parque de atracciones (un niño, su papá)

_____

_____

2. una boda (la novia, su mamá, el organista)

_____

_____

_____

3. una rosa (el jardinero, un ciego)

_____

_____

4. la nieve (un muchacho de diez años, su abuelo, su primo de Puerto Rico)

_____

_____

_____

G. *Ud. es el (la) primer(a) terrestre de llegar a Júpiter. Describa Ud. detalladamente a los seres y el mundo que encontró allí.*

_____

_____

_____

_____

_____

_____

_____

NOMBRE _____ FECHA _____ CLASE _____

Y en resumen...

A. Traducciones

1. My room was always very messy when I was in high school. There were always clothes on the floor and toys on the rug. _____

2. One day, while I was sweeping my closet, I found an old poster on the floor. _____

3. It was very dirty, but I could see that it was picture of an old man, who was sitting in a big armchair. _____

4. I was looking at the picture when my little brother came into the room. _____

5. He was eating chocolate. His hands were very sticky (*pegajoso*). He touched the poster, and I yelled. _____

6. Then he took the poster and ran through the living room, the den, the kitchen and into the basement. I was so angry! _____

B. Tarjetas de cumpleaños.
Refiriéndose a la tarjeta en la página 40, conteste Ud. las preguntas siguientes.

1. ¿Recibía Ud. tarjetas como ésta cuando era pequeño(a)?

   _____

2. ¿Sigue Ud. recibiéndolas? ¿Por qué (no)?

   _____

Ahora en una hoja de papel diseñe Ud. una tarjeta de cumpleaños original para un(a) niño(a), un(a) abuelo(a), un(a) suegro(a) o un(a) novio(a). Escriba un mensaje original.

C. Diálogo. *Escriba Ud. un diálogo que represente la escena siguiente. Ud. va a una juguetería (toy store) para comprar un regalo de cumpleaños para su sobrino(a). Ud. habla con el (la) empleado(a). Incluya en el diálogo la edad del (de la) niño(a), sus intereses, un precio, las recomendaciones del (de la) empleado(a), etc.*

_____
_____
_____
_____
_____
_____
_____
_____
_____

D. Así se dice. *Escriba Ud. frases que evoquen las siguientes respuestas.*

1. Eso es. _____
   _____

2. Claro que sí. _____
   _____

3. Me da lo mismo. _____

NOMBRE _____ **FECHA** _____ **CLASE** _____

4. Correcto. _____
   _____

5. Como quieras. _____
   _____

E. *Escriba Ud. un párrofo describiendo a su pariente más eccéntrico.*

_____
_____
_____
_____
_____
_____
_____
_____

NOMBRE _____ FECHA _____ CLASE _____

LECCIÓN 6

Cuando yo era pequeño

VOCABULARIO

Carlos recuerda las vacaciones que tenía con su familia cuando era niño. Combine Ud. un elemento de la columna I con uno de la columna II y forme frases lógicas y originales. Cambie los verbos al imperfecto.

MODELO mamá / descansar / campo
Mamá siempre descansaba en el campo porque era muy tranquilo allí.

I	II
1. yo / coleccionar	a. árbol
2. papá / ir de pesca	b. tienda de campaña
3. los campistas / escalar	c. acuario
4. mi hermano y yo / jugar	d. piedras (*rocks*)
5. mi primo / subir	e. montañas
6. todos / visitar	f. rayuela
7. los padres / reñir	g. río
8. nosotros / dormir	h. niños

I. El pretérito y el imperfecto

A. *Llene Ud. el espacio con la forma apropiada del verbo entre paréntesis en el pretérito o el imperfecto.*

El año pasado yo (tener) _____ unas vacaciones de Navidad cortas pero buenas. (Dormir) _____ mucho y (leer) _____ dos novelas. El día de Navidad (venir) _____ toda la familia a mi casa y (comer) _____ juntos. Todos (tener) _____ una gran sorpresa porque cuando (estar) _____ tomando el postre, (sonar) _____ el teléfono. (Ser) _____ la tía Carolina que nos (llamar) _____ desde Australia. Algunos de nosotros (hablar) _____ con ella mientras los otros (escuchar) _____ la conversación. (Ser) _____ un día muy lindo.

B. *Cuando Susana pasó la Navidad en México, participó en la celebración de "Las Posadas", una de las fiestas religiosas más importantes de México. Cambie Ud. los verbos al pretérito o al imperfecto.*

Las Posadas es una fiesta que conmemora el viaje de José y María a Belén en buscá de alojamiento (*lodging*). Yo (participar) _____ en la fiesta, que (comenzar) _____ el 16 de diciembre y (durar) _____ nueve días. Durante este tiempo, los miembros de la familia Padilla (reunirse) _____ cada día para ir a una casa diferente. (Llevar) _____ velas encendidas y pequeñas figuras de la Sagrada (*Holy*) Familia y (cantar) _____ los villancicos tradicionales (*Christmas songs*) de Las Posadas. Una noche un grupo (hacer) _____ el papel de los peregrinos (*pilgrims*). Los otros, los "mesoneros" (*innkeepers*), (entrar) _____ en la casa, (sentarse) _____ detrás de la puerta y les (decir) _____ a los pobres y cansados peregrinos que no (poder) _____ alojarse en la posada. En la Nochebuena, la última noche de Las Posadas, José y María por fin (poder) _____ entrar en la casa. En esta noche especial los niños (poner) _____ el Niño Dios en el pesebre (*manger*). Luego todos (rezar) _____ y (cantar) _____ villancicos. Nosotros (romper) _____ una piñata enorme. Mientras que yo (bailar) _____ (oír) _____ las campanas de la iglesia llamando a todo el mundo a la Misa de Gallo. Más tarde, la señora Padilla (servir) _____ una gran cena. Después, todos (volver) _____ a sus casas y (dormir) _____ hasta el mediodía.

C. *Llene Ud. el espacio con la forma apropiada del verbo en el pretérito o el imperfecto.*

Ayer, mientras yo (estar) _____ en la cocina preparando la cena, (sonar) _____ el teléfono. (Ser) _____ mi amiga Teresa que me (invitar) _____ a la fiesta de cumpleaños de su hijito. Yo le (decir) _____ que (estar) _____ muy cansada y que me (ir) _____ a acostar temprano. Pero, ella (insistir) _____ tanto que finalmente me (vestir) _____, (sacar) _____ mi coche y (salir) _____ para su casa.

Cuando (llegar) _____, ella (estar) _____ esperándome en la puerta. Yo (bajar) _____ del coche, (subir) _____ la escalera y nosotras (entrar) _____ juntas en la sala donde (haber) _____ muchos niñitos que (jugar)

NOMBRE _____ FECHA _____ CLASE _____

_____, (correr) _____ y (hacer) _____ mucho ruido.

Al ver esta escena, yo (dejar) _____ mi regalito, (coger) _____ mi

abrigo y me (ir) _____.

D. Los niños quieren (piden) muchas cosas que los padres no permiten. Dé Ud. las explicaciones del hijo y las de los padres según el modelo.

MODELO   sofacama / sala
Yo quería una sofacama en la sala para tener más espacio en mi cuarto. Mis padres dijeron que no, porque costaba mucho dinero.

1. televisor / dormitorio

2. radio / cuarto de baño

3. serpiente / alcoba

4. motocicleta / garaje

5. hamaca / patio

II. La forma progresiva del pasado

Cambie Ud. el verbo del imperfecto al progresivo del pasado.

MODELO   Ellos charlaban y María escribía.
Ellos estaban charlando y María estaba escribiendo.

1. Yo jugaba y tú leías.

2. Ella dormía y él cantaba.

Lección 6   Copyright © 1992 Holt, Rinehart and Winston, Inc. All rights reserved   45

3. Ellos hablaban y nosotros escuchábamos. _____

4. Tú te acostabas y yo me levantaba. _____

5. Nosotros pedíamos café y Uds. lo servían. _____

III. Adjetivos y pronombres posesivos

A. Intercambios. *Siga Ud. el modelo.*

MODELO   yo / sándwich tú / manzana
                Yo cambio mi sándwich por tu manzana.

1. ella / gato yo / pájaros

2. nosotros / helicópteros ustedes / camiones

3. tú / bicicleta él / balón

4. yo / lápices tú / bolígrafo

5. Juana y yo / tienda Ud. / mochilas

B. *Siga Ud. el modelo.*

MODELO   yo / sándwich   tú / sándwich
                Yo cambio mi sándwich por el tuyo.

1. la familia Gómez / casa nosotros / casa

2. yo / sombrero tú / sombrero

3. ustedes / fotos él / fotos

NOMBRE _____ **FECHA** _____ **CLASE** _____

4. yo / discos   Uds. / discos

_____

5. Ud. / paraguas   él / paraguas

_____

Y en resumen...

A. Tío Enrique. *Escoja Ud. la palabra correcta.*

En mi casa siempre (hubo, había) reuniones familiares muy intersantes. Tío Enrique, cuya manía de entretener a todos con (su, sus) anécdotas divertidas, (tuvo, tenía) un gran sentido de humor. Una noche, (acabamos, acabábamos) de sentarnos a la mesa cuando él (empezó, empezaba) a contar algunas famosas historias (suyos, suyas).

Esta es una de las historias que nos contó.—Yo, cuando (estudié, estudiaba) en la preparatoria, (tuve, tenía) un amigo que se (llamó, llamaba) Pepe. A Pepe no le (gustó, gustaba) nada el agua. Nunca (nadó, nadaba) ni se (bañó, bañaba). Pero, un día (sucedió, sucedía) algo increíble, algo que seguramente (pasó, pasaba) a la historia y (quedó, quedaba) escrito en los libros. Pues... Pepe se (duchó, duchaba). Yo (creí, creía) que él (estuvo, estaba) enfermo. Pero, no. Es que (hizo, hacía) mucho calor y entre los dos tormentos, el calor y la ducha, Pepe (prefirió, prefería) la ducha.

Mientras nosotros (tomamos, tomábamos) el postre, Tío Enrique (contó, contaba) esta anécdota juvenil. —Durante los años universitarios, (viví, vivía) con dos compañeros en un piso que (bautizamos, bautizábamos) el "Palacio Real". Aunque yo (tuve, tenía) muchos familiares que (vivieron, vivían) en el mismo pueblo, nunca (vinieron, venían) a visitarme. Pues, a nosotros, no nos (importaron, importaban) los quehaceres domésticos, e (hizo, hacía) más de dos meses que no (limpiamos, limpiábamos) el piso. Además (acabamos, acabábamos) de hacer una fiesta la noche anterior, y todo (estuvo, estaba) en desorden. Este mismo día, (vino, venía) a verme una tía (mío, mía), cuya cara al ver mi piso, yo nunca puedo olivdar. Ella (llamó, llamaba) inmediatamente a mi madre por teléfono y le (describió, describía) las condiciones del palacio. Pues, mi mamá (estuvo, estaba) enojada. Al final mi tía me (llevó, llevaba) a un piso (suyo, suya) que (tuvo, tenía) vacío. ¡Y qué piso! Un verdadero palacio—todo automático y muy bonito—pero (el mío, la mía) tenía carácter, y (decidí, decidía) quedarme en el palacio donde (pasé, pasaba) el resto de mi carrera universitaria con paz y felicidad.

B. Los clubes juveniles... Camp Fire. *A ver si Ud. puede hacer estas actividades. Siga las instrucciones indicadas. Lea el anuncio en la página 48.*

Imagínese que Ud. era miembro de este u otro club juvenil.

¿Qué actividades hacían en sus reuniones? Describa Ud. por lo menos tres que hacían a menudo.

_____

_____

Lección 6

¡Sendas a pasatiempos al aire libre!

Camp Fire le ofrece muchas formas de descubrir las maravillas de la naturaleza.

¡El rastreo de huellas de animales es una Aventura! ¿Puede usted identificar estas huellas distintivas?

1. 2. 3. 4. 5. 6.

___ venado
___ mapache
___ perro
___ pato
___ caballo
___ pájaro

deer
raccoon

También estos clubes son organizaciones de servicio. Describa Ud. lo que hacían Ud. y sus compañeros para ayudar a la gente.

_____

_____

Ahora, cuente, Ud. una reunión o excursión específica que recuerda bien.

_____

_____

_____

_____

_____

NOMBRE _____ FECHA _____ CLASE _____

C. En una hoja de papel haga Ud. un árbol y llénelo con los nombres de sus parientes. Lea esta tarjeta.

¡JUGAR!

Los Blue Birds participan en todas clases de juegos entretenidos.

Busque alrededor de la sala. ¿Puede encontrar cosas que comienzan con las letras de Campamento

C _____   M _____

A _____   E _____

M _____   N _____

P _____   T _____

A _____   O _____

¡Esta senda de Camp Fire comienza con usted! Es una Aventura averiguar más sobre uno mismo, su familia y su comunidad.

Un árbol genealógico es una forma entretenida de aprender sobre la familia. Llene este árbol con los nombres de su familia.

D. Invente o describa Ud. un juego especial para...

1. un niño enfermo que tiene que quedarse en la cama

   _____

   _____

2. niños y adultos que pasan todo el día viajando en coche

   _____

   _____

3. unos adultos (la edad de sus padres) en una fiesta

   _____

   _____

Lección 6

LECCIÓN 7

¿Y a qué hora empiezas tú el día?

VOCABULARIO

Ud. acaba de ver un accidente en la calle y un policía le hace muchas preguntas. Contest Ud. las preguntas en el negativo, empleando el sinónimo de las palabras itálicas.

MODELO ¿*Conducía* el coche un hombre viejo? (joven)
No, un hombre joven manejaba el coche.

1. ¿*Volvía* Ud. del cine? (un restaurante)

2. ¿*Caminaba* Ud. sola a esa hora? (con mi hermano)

3. ¿*Daba la vuelta* Ud. por la Avenida de los Ríos? (Heredia)

4. ¿Estaba Ud. a sólo dos *cuadras* del accidente? (una)

5. ¿*Atravesaba* la calle un muchacho? (una muchacha)

I. Expresando la hora

¿Qué hora es? Exprese las horas siguientes en español.

1. 12:00 A.M. _____
2. 1:30 A.M. _____
3. 2:45 P.M. _____
4. 10:40 A.M. _____
5. 4:05 P.M. _____
6. 9:15 P.M. _____
7. 6:25 A.M. _____
8. 2:08 P.M. _____

II. Expresiones interrogativas

Forme preguntas que evoquen las siguientes respuestas. Para algunas hay más de una posibilidad

MODELO Marta compró la aspirina en la farmacia.
¿Qué compró Marta en la farmacia?
¿Dónde compró Marta la aspirina?

1. Fuimos ayer al almacén.

   _____.   _____.

2. Hice pizza para la fiesta.

   _____.   _____.

3. Uds. sólo hicieron tres errores.

   _____.   _____.

4. Papá fue ingeniero antes de casarse.

   _____.   _____.

5. Invitamos a Carlos y Juana a la conferencia.

   _____.   _____.

6. Sí, fui con él.

   _____.   _____.

7. El tren de Chicago llegó a las diez a la estación.

   _____.   _____.

III. Adjetivos y pronombres demostrativos

Llene Ud. el espacio con la forma apropiada del demostrativo.

1. Tienes que pasar por _____ (*this*) calle hasta llegar a _____ (*that, far away*) parque donde _____ (*those, far away*) niños están jugando.

2. _____ (*These*) dos bancos aquí están abiertos hasta la 1:00, pero _____ (*that one*) cierra al mediodía.

3. En España hay farmacias y perfumerías. En _____ (*the latter*) Ud. puede comprar champú, jabón, y perfumes y en _____ (*the former*) Ud. puede comprar medicina.

4. No vengo más a _____ (*this*) tienda porque _____ (*this*) empleado muy antipático y _____ (*that one*) no sabe nada.

5. ¿Qué revista quieres leer, _____ (*this one*) o _____ (*that one*)?

6. ¿Una multa? Pero metí el dinero en _____ (*this*) parquímetro, y sin embargo _____ (*that*) policía me multó. _____ (*That*) me molesta mucho.

NOMBRE _____ FECHA _____ CLASE _____

Y en resumen...

A. Traducciones

1. This building is the library and that one is city hall; that one (*far away*) is the post office.
   _____
   _____

2. I work in this skyscraper, in an office on the second floor.
   _____
   _____

3. To get to work on time, I have to get up at 6:15 and leave the house at 7:05.
   _____
   _____

4. After 7:15, there are always traffic jams downtown, and I can't find any parking.
   _____
   _____

5. But my sister can get up at 7:45. She takes the bus at 8:43 and arrives at the university at 9:15.
   _____
   _____

6. Which one does she take? (The) number fifteen. The stop is three blocks from the house.
   _____
   _____

B. ¡Vamos a conocer Córdoba! *Ud. está de vacaciones en Córdoba, España. En la Plaza de José Antonio, un grupo de turistas le piden direcciones. Lea Ud. el planillo, y con la ayuda del vocabulario útil, dígales cómo se llega a los siguientes lugares.*

Vocabulario útil

doblar a la derecha (a la izquierda)	*to turn right (left)*
seguir adelante	*to go straight ahead*
subir (bajar) la calle	*to go up (down) the street*

1. el museo arqueológico _____
   _____

2. la Mezquita _____
   _____

Lección 7

Planillo de la ciudad

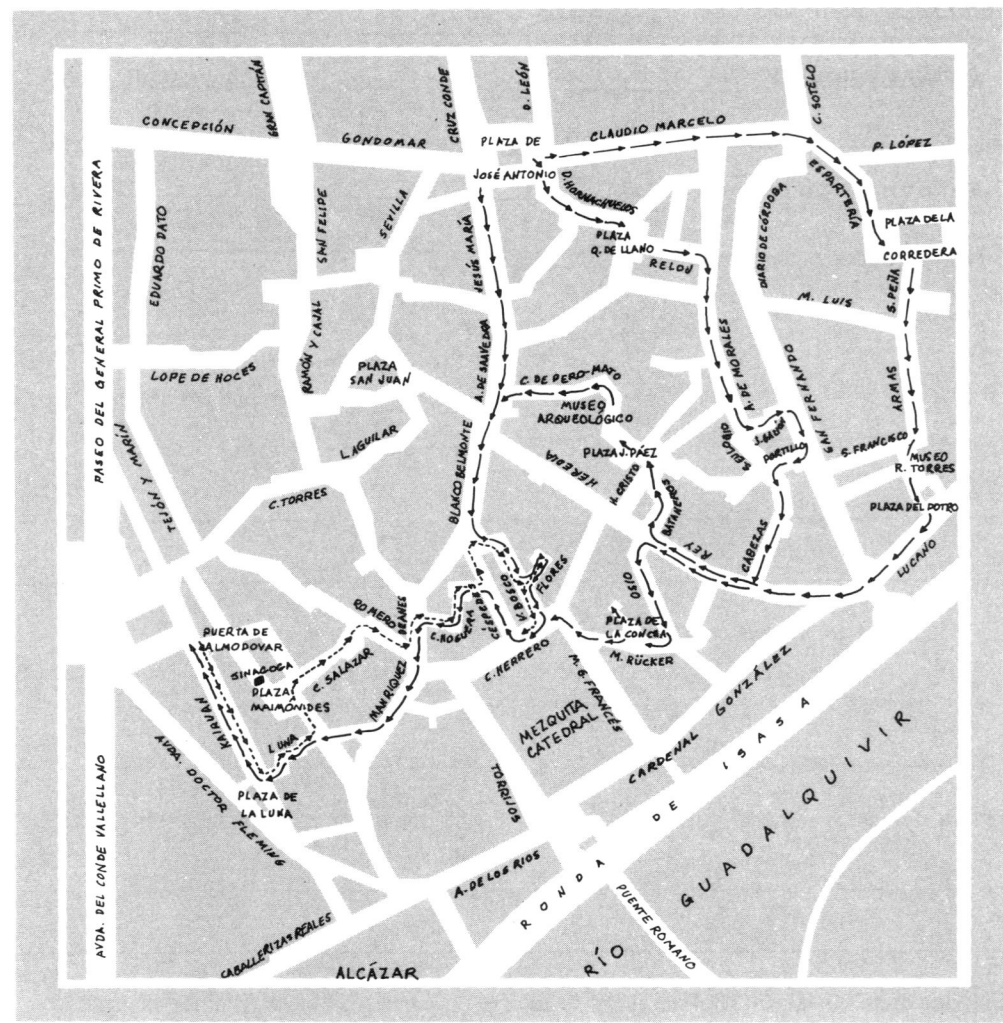

3. el río _____

_____

4. la Sinagoga _____

_____

C. Así se dice. Escriba Ud. una frase que evoque las siguientes reacciones.

1. ¿Qué dijo? _____

_____

2. ¿Podría Ud. repetir? _____

_____

NOMBRE _____ **FECHA** _____ **CLASE** _____

3. ¿Me explico? _____
   _____

4. No entiendo. _____
   _____

5. En otras palabras... _____
   _____

NOMBRE _____ FECHA _____ CLASE _____

LECCIÓN 8

Comer sin vin, comer mezquino

VOCABULARIO

A veces un tipo de comida o bebida necesita otra más. Escoja Ud. la combinación más lógica.

1. queso con _____
2. lechuga con _____
3. fresas con _____
4. refresco con _____
5. tarta con _____
6. biftec con _____
7. hígado con _____
8. pollo con _____
9. vino con _____
10. gambas con _____

a. hielo
b. crema
c. patatas fritas
d. galletas saladas
e. cebollas
f. tomate
g. queso
h. salsa picante
i. helado
j. patatas asadas

I. El pronombre como complemento directo

A. *Julio va a su restaurante favorito. Tiene mucha hambre, pero no tiene suerte. Haga Ud. los cambios necesarios según el modelo.*

MODELO   JULIO   ¿Sirven Uds. paella? (no)
             CAMARERO   **Lo siento señor. No la servimos.**

1. calamares fritos (no) _____
2. agua mineral (no) _____
3. langosta (no) _____
4. ensalada de lechuga (no) _____
5. uvas (no) _____
6. pato asado (no) _____
7. cerveza fría (no) _____
8. hígado (sí) _____

Copyright © 1992 Holt, Rinehart and Winston, Inc. All rights reserved

B. *Su amigo Oscar prepara una cena elegante para amigos y Ud. le pregunta sobre los preparativos. Conteste Ud. las siguientes preguntas según el modelo.*

MODELO   ¿Limpiaste la casa?
                 Sí, la limpié.

1. ¿Llamaste a los Gómez? _____
2. ¿Invitaste a José? _____
3. ¿Trajiste los discos? _____
4. ¿Compraste el vino? _____
5. ¿Buscaste las velas? _____
6. ¿Cocinaste la paella? _____
7. ¿Preparaste el postre? _____
8. ¿Pusiste la mesa? _____
9. ¿Saludaste a los invitados? _____
10. ¿Serviste las tapas? _____

II. Dos pronombres como complementos del verbo

A. *Oscar nos habla de todas las personas que lo ayudan con la cena. Escriba Ud. las siguientes frases, sustituyendo el complemento directo por el pronombre apropiado.*

MODELO   Mamá me compró los helados hoy.
                 Mamá me los compró.

1. La sirvienta, María, va a hacerme una ensalada especial.

   _____

2. Sandra le trajo las servilletas blancas a María ayer.

   _____

3. La tía Rosa me está lavando el mantel.

   _____

4. Mi abuelita nos preparó la tarta de chocolate.

   _____

5. El cocinero le cuenta chistes a María en la cocina.

   _____

6. Lola dice que me quiere arreglar las rosas para la mesa.

   _____

NOMBRE _____ FECHA _____ CLASE _____

7. El músico va a tocarles canciones románticas a los invitados.

   _____

8. Después de comer, papá siempre nos sirve el coñac.

   _____

B. Escriba Ud. las frases siguientes, empleando la expresión **volver a** y los pronombres complementos directos e indirectos.

MODELO   Ayer, Elena me dio la dirección.
          Hoy, ella vuelve a dármela.

1. Ayer, los niños le contaron una mentira a su mamá.

   _____

2. Ayer, el conductor nos mostró el autobús correcto.

   _____

3. Ayer, nosotros les ofrecimos una cena elegante a Uds.

   _____

4. Ayer, el gerente les dio un aumento de salario a los empleados.

   _____

5. Ayer, Uds. le pagaron una multa al policía.

   _____

III. *Gustar* y otros verbos similares

A. A muchos les encanta preparar la comida, pero siempre falta un ingrediente.

MODELO   Yo / harina / huevos
          Yo compré la harina pero me faltan los huevos.

1. Nosotros / chocolate / leche

   _____

2. Ud. / carne / arroz

   _____

3. Uds. / pescado / patatas

   _____

4. El panadero / pan / galletas

   _____

Lección 8

5. Nosotros / azúcar / té

   _____

6. Tú / uvas / fresas

   _____

B. *Un amigo viene a su casa para merendar. Ud. le pregunta lo siguiente, y él contesta según el modelo.*

MODELO   ¿Quieres café?
   No, gracias. No me gusta café.   o   Sí, por favor. Me encanta el café.

1. ¿Quieres una tortilla española? _____

2. ¿Quieres unos cacahuetes? _____

3. ¿Quieres unas patatas al horno? _____

4. ¿Quieres un bocadillo de jamón y queso? _____

5. ¿Quieres ensalada rusa? _____

6. ¿Quieres unas galletas? _____

7. ¿Quieres unos calamares fritos? _____

8. ¿Quieres un sándwich de atún? _____

C. *Después de la merienda, Ud. quiere entretenerle al amigo pero... ¡no le interesa nada! Conteste Ud. las preguntas siguientes en el negativo y termine la frase de una forma original, usando* **gustar** *u otros verbos similares.*

MODELO   ¿Quieres ver una telenovela?
   No, no me gustan (interesan, importan, etc.) las telenovelas.

1. ¿Quieres ir a un museo?

   _____

NOMBRE _____ FECHA _____ CLASE _____

2. ¿Quieres jugar a las cartas?
   _____

3. ¿Quieres salir a una discoteca?
   _____

4. ¿Quieres ver una película romántica?
   _____

5. ¿Quieres acompañarme a la clase de español?
   _____

Y en resumen...

A. Traducciones

1. —Did you put the napkins and the forks on the table?
   —No, I put them in the oven.
   _____

2. —Mom, Antonio spilled the juice on the floor!
   —I didn't spill it!
   _____

3. —Roberto, you stained the tablecloth.
   —No, Antonio did it!
   _____

4. —But, children, you love carrots!
   —No, we don't like them at all!
   _____

5. —Silvia, why don't you try the fried bananas?
   —I don't want to try them. They make me sick and they are loathsome to me.
   _____

6. —Who is on a diet?
   —Carla wants to lose weight so she doesn't eat pastries, cheese or ice cream.
   _____

7. —Enjoy the meal!
   —Thanks.
   _____

B. La comida. En un restaurante, ¿qué piden las siguientes personas para cenar?

1. un niño de 12 años _____

2. un señor de 65 años _____

3. una señora que no quiere engordar _____

4. un estudiante sin mucho dinero _____

5. un atleta profesional _____

C. Así se dice. Escoja la expresión de la segunda columna que más representa la emoción de la primera columna.

a. sorpresa   ¡No puede ser! _____

b. duda   ¡Vaya! _____

c. indiferencia   ¿Y qué? _____

                                       ¡No lo creo! _____

                                       ¿Qué importa? _____

                                       ¡No me digas! _____

D. El desayuno mexicano. El típico desayuno mexicano—jugo de naranja, café y pan dulce—es similar al desayuno de muchos norteamericanos. Pero muchos mexicanos tienen la costumbre de tomar un segundo desayuno más tarde en la mañana que incluye huevos, frijoles, tortillas, frutas y carnes. En los Estados Unidos, ¿hay una comida similar al segundo desayuno mexicano? ¿Cómo se llama? ¿Cuándo se suele tomar? Describa Ud. lo que le gusta comer en esa comida.

_____

_____

_____

_____

_____

NOMBRE _____ **FECHA** _____ **CLASE** _____

E. Ud. quiere perder 3 kilos este mes, pero no quiere un régimen que sea extremo y malo para la salud. Prepare una lista de las comidas de un día típico. Incluya Ud. cantidades de cada tipo de comida.

Desayuno: _____
_____
_____

Almuerzo: _____
_____
_____

Cena: _____
_____
_____

¿Otro? _____

NOMBRE _____ FECHA _____ CLASE _____

LECCIÓN 9

¿Qué hacemos esta noche?

VOCABULARIO

Anoche Carmen celebró su cumpleaños con amigos y familares en un club nocturno. Escoja Ud. las palabras de la columna **II** que mejor terminan las frases de la columna **I**. Cambie los verbos al pretérito.

1. El mozo nos (traer) _____ _____   a. a las cartas
2. Para mi sorpresa la tía (tomar) _____ _____   b. a bailar
3. Diego me (invitar) _____ _____   c. unos chistes muy graciosos
4. Mi tío (contar) _____ _____   d. la cuenta
5. Todos (brindar) _____ _____   e. muy bien
6. El mozo no nos (cobrar) _____ _____   f. la carta inmediatamente
7. Papá (pagar) _____ _____   g. una copa de vino
8. Creo que todos (gozar) de la _____ _____   h. por el champán
9. Yo lo (pasar) _____ _____   i. mi cumpleaños con champán
10. Después, nosotros (jugar) _____ _____   j. música alegre del club

I. Por y para

A. La vida diaria del esposo moderno no es siempre fácil. Reemplace las palabras itálicas con **por** o **para** según corresponda.

1. Va *en busca de* leche *destinada* al bebé. _Va por leche para al bebé_
2. Lleva al niño a pasear *en todas partes* del parque. _por_
3. Saca la basura antes de salir *con destino al* trabajo. _para_
4. Espera *durante* una hora *con el propósito de* comprar gasolina. _por_ _para_
5. Asiste a la reunión *en vez de* la madre. _por_
6. Pasa tres veces *a través de* la plaza en busca de estacionamiento. _por_
7. Gasta mucho dinero *a cambio de* la carne *que será servida en* la cena. _por_ _para_
8. Deja *hasta* más tarde todos los trabajos y placeres personales. _para_

B. Ud. sale de noche con su primo de Madrid. Llene Ud. el espacio con **por** o **para** según el contexto.

Antes de salir...

1. Manuel, ___por___ (a) la noche vamos al club ___para___ bailar.
2. ___Por___ desgracia, no tengo dinero ___para___ pagarte las entradas.
3. Cobran 50 pesetas ___por___ las entradas.
3. ___Para___ poder sentarnos, tenemos que llegar ___por___ las nueve.
4. ___Por___ (a) las diez, empieza el show, con un conjunto popular.
5. ___Para___ ser tan jóvenes, ellos cantan muy bien.

Luego, en el club...

6. Vamos a sentarnos _____ aquí; _____ lo visto, no hay asientos más cerca.
7. ¡Qué suerte! Llegamos a tiempo. El show está _____ empezar.
8. Esta copa es _____ vino; aquel vaso es _____ cerveza. Se ofrece una copa gratutita _____ el precio de la entrada.
9. Recuérdame que tengo que dejar una propina _____ el mozo.

Al día siguiente...

10. Salimos _____ casa a las cuatro y media.
11. ¡_____ amor de Dios, no le digas a papá que llegamos tan tarde!

II. Expresiones con *tener*

¿Cuando suele Ud. tener...?

¿Y qué hace Ud. cuando Ud. tiene...?

1. frío _____

2. calor _____

3. sed _____

4. miedo _____

| NOMBRE | FECHA | CLASE |

5. ganas de comer una pizza _____
_____

6. vergüenza _____
_____

7. dolor de cabeza _____
_____

8. hambre _____
_____

9. sueño _____
_____

10. prisa _____
_____

III. El *se* impersonal

Traducciones

1. It is thought that when one is ill one should drink juice.
_____

2. You should sleep at least eight hours every day.
_____

3. One cannot work all the time. It is said that having fun is important for good health.
_____

4. It is known that there is a lot of vitamin C in fruit.
_____

5. They eat a lot of fish and vegetables in the Orient.
_____

6. They say that college students eat too many fried foods today.
_____

Y en resumen...

A. Una cena especial. Ud. está en un restaurante con un(a) amigo(a) muy especial. Quiere que todo vaya bien. Escriba el diálogo entre Ud. y el camarero. Incluya el tipo de mesa que quiere, si sirven vinos buenos, si aceptan tarjetas de crédito, si tocan música romántica, etc.

_____

_____

_____

_____

_____

_____

_____

_____

B. ¿Reconoce Ud. los nombres de las siguientes películas y programas de televisión? Para cada uno, diga Ud. qué trata, y por qué le gusta, le aburre, le encanta, etc.

El Cine

1. Tira a mamá del tren

2. El Padrino III

3. Tres hombres y una niñita

4. El club de los poetas muertos

5. Solito en casa

6. Lo que el viento se llevó

7. Mad Max, guerrero de la carretera

8. Los intocables

9. Atracción mortal

10. El silencio de los corderos

NOMBRE _____ FECHA _____ CLASE _____

La televisión

1. Treinta y tantos

2. Los abogados

3. Tortugas Ninja

4. Viaje por las estrellas

5. Jake y el gordo

6. El romance de Murphy Brown

7. Barrio Sésamo

8. La bella y la bestia

9. Te quiero Lucy

10. Roseanne

C. Es un domingo lluvioso. *La familia Ochoa se queda en casa, mirando la televisión. Escoja Ud. los programas preferidos por los varios miembros de la familia; diga Ud. a qué hora se da. Conteste Ud. las siguientes preguntas según la información de la guía. Lea ud. la guía en la página 70.*

1. ¿Qué programa(s) escojen los siguientes miembros de la familia?

    a. Carlitos, un niño de 4 años

    b. María, 14 años, aficionado de los deportes

    c. Jaime, 16 años; le encantan las telenovas

Lección 9

PROGRAMAS DE TELEVISIÓN

DOMINGO

Primera cadena

- 10.15 **Carta de ajuste.**
- 10.30 **El día del Señor.**
- 11.30 **Gente joven.**
- 12.25 **Tiempo y marca.** Ciclismo: Escalada de Montjuich. Golf: Open de España de Golf, desde Marbella.
- 14.30 **Esta semana.**
- 15.00 **Noticias.**
- 15.20 **Información deportiva.**
- 15.35 **Dr. Snuggles.** *El árbol de la mermelada.*
- 16.05 **Fama.** *La función.* Con objeto de enseñar a sus alumnos que con el esfuerzo se llega a conquistar el éxito, Lydia consigue llevar a la escuela a un famoso bailarín de color que, de la calle, ha logrado llegar a la cima de la popularidad y la fama.
- 17.00 **Y, sin embargo, te quiero.**
- 17.35 **Golf.** Desde el Club de Golf de Marbella, retransmisión del Open de España de Golf.
- 18.05 **Mundo submarino.** *Los pulpos.*
- 18.55 **Información deportiva.**
- 19.00 **Ni en vivo, ni en directo.**
- 19.30 **Especial musical.**
- 20.30 **Noticias.**
- 20.50 **Información deportiva.**
- 21.05 **Lou Grant.** *La violencia.* Lou Grant se ve sorprendido cuando al aparcar su coche, para dirigirse a la redacción del periódico, un automovilista le amenaza con una barra de hierro; más tarde, dos de sus redactores se enzarzan en una violenta disputa sin motivo aparente, estando a punto de llegar a las manos. Antes de que termine la jornada, Rossi y Billie sostienen una fuerte discusión por el simple extravío de un cuaderno.

d. Sra. Ochoa: le interesan las noticias internacionales

_____

_____

e. Sr. Ochoa: le gustan el drama y la música

_____

_____

2. Haga Ud. un resumen en diez o quince palabras de cada uno los temas de *Lou Grant* y *Fame.* ¿Cuál de los dos prefiere Ud.? ¿Por qué?

_____

_____

_____

_____

_____

_____

_____

LECCIÓN 10

Mi itinerario

VOCABULARIO

¿Donde se oyen las frases en la columna I?

I.

1. Abran sus maletas, por favor. _____
2. Abróchense el cinturón de seguridad. _____
3. Su boleto, por favor. _____
4. ¿Quieren más café? _____
5. ¡Bienvenido! _____
6. ¿Desea pasaje de ida y vuelta? _____
7. ¡Buen viaje! _____
8. Buenas noches, papi. _____

II.

a. en la puerta de salida
b. en el coche-cama
c. en la aduana
d. en la sala de espera
e. en la despedida
f. en el coche-comedor
g. en el avión
h. en la agencia de viajes

I. El tiempo presente del modo subjuntivo

A. Forme Ud. el presente del subjuntivo de la primera persona singular **yo** de los verbos siguientes.

1. viajar _____
2. volar _____
3. beber _____
4. recibir _____
5. conseguir _____
6. salir _____
7. conducir _____
8. ir _____
9. poner _____
10. ver _____
11. oír _____
12. hacer _____
13. dar _____
14. ser _____
15. dormir _____

B. Los Carson (the Carson family) y los Larson viajan juntos a México. Es necesario que todos hagan su parte para tener un buen viaje. Añada Ud. la frase **Es necesario** al comienzo de las frases siguientes, haciendo los cambios necesarios según el modelo.

MODELO   Tú facturas el equipaje, Pedro.
   Es necesario que tú factures el equipaje, Pedro.

1. La abuela hace la maleta.

2. Los Larson nos esperan en la puerta de salida.

3. Uds. recuerdan los pasaportes.

4. Todos nos abrochamos el cinturón de seguridad.

5. El piloto sabe llegar al destino.

Ahora, siga Ud. con una de las siguientes expresiones: **es bueno, es probable, es posible...**

6. Saco muchas fotos.

7. Compramos muchos recuerdos.

8. Todos descansan después de las vacaciones.

9. Susana pierde el avión.

10. El avión sale a tiempo.

II. Expresiones impersonales

A. Cambie Ud. el verbo en la segunda cláusula según necesario.

MODELO   Es importante **que compremos los boletos pronto.**

1. Es seguro _____

NOMBRE _____ **FECHA** _____ **CLASE** _____

2. Es obvio _____

3. Es necesario _____

4. No es cierto _____

5. No es sorprendente _____

6. No cabe duda _____

7. Conviene _____

8. Más vale _____

9. Es mejor _____

10. Es preferible _____

B. Es el primer viaje al extranjero para la señora Luisa Larson y está un poco nerviosa. Conteste Ud. sus preguntas de dos maneras distintas, según el modelo, haciendo los cambios necesarios.

MODELO   ¿Va a llegar atrasado el avión?
Es dudoso que vaya a llegar atrasado.
Es cierto que va a llegar atrasado.

1. ¿Vamos a pasar por la aduana sin problemas?
   _____

2. ¿Va a reconocernos a la llegada el tío?
   _____

3. ¿Van a revisar el equipaje los inspectores?
   _____

4. ¿Va a hacer escala este vuelo?
   _____

5. ¿Vas a llorar a la despedida?
   _____

6. No es seguro
   _____

7. No es posible
   _____

8. Es dudoso
   _____

Lección 10

9. No es preciso

_____

10. Es de esperar

_____

C. *Los Carson y los Larson han oído hablar mucho (have heard a lot) sobre la comida picante mexicana. Aprenden a seguir algunas reglas sencillas cuando comen los chiles picantes (hot peppers). Llene Ud. el espacio con el infinitivo o la forma correcta del verbo en el subjuntivo.*

1. Es importante que nosotros (tener) _____ cuidado al usar el chile fresco.

2. Es necesario (usar) _____ guantes de goma (*rubber gloves*).

3. Es malo que tú (tocar) _____ los ojos (*eyes*) mientras preparas los chiles.

4. Es bueno que Uds. (conocer) _____ los chiles que se puede obtener en su región.

5. Es mejor que Ud. (buscar) _____ los chiles en lata (*canned*) si no es posible

    (encontrar) _____ los frescos.

6. Es lástima que muchas personas no (querer) _____ probar los chiles. ¡Son sabrosos!

En un restaurante de la capital, un mozo les habla sobre la comida mexicana. Llene Ud. el espacio con el infinitivo o la forma correcta del verbo en el subjuntivo.

1. La comida mexicana es tan variada que es imposible (aprender) _____ todo en un sólo viaje.

2. Es verdad que la cerveza (soler) _____ acompañar muchos de los platos mexicanos.

3. Si los chiles les pican, es mejor que Uds. (comer) _____ pan con la comida.

4. Es bueno (probar) _____ las comidas típicas de cada región.

5. No hay duda que México se (conocer) _____ por sus ricos jugos tropicales.

6. Es importante que Uds. (saber) _____ que la comida de México no sólo consiste en tacos y burritos.

Y en resumen...

Traducciones

A. *El Señor Carson les da unos consejos a todos antes de salir.*

1. It is probable they will ask for our passports at the border. It is better not to put them in the luggage.

_____

_____

| NOMBRE | FECHA | CLASE |

2. It's true that many flights are delayed. But I always arrive at the airport early because sometimes flights arrive ahead of schedule. _____

3. It's necessary that you tell the flight attendant if you can't fasten your seat belt. _____

4. There is no doubt that a round trip ticket costs less.

5. On a long trip, it's preferable for families with small children to make a stopover. _____

B. ¿Quiere Ud. ser azafata o aeromozo? Llene Ud. el formulario y conteste las preguntas.

CURSO DE AZAFATAS
OPORTUNIDAD ÚNICA **SELECCIÓN 84**

Deseo recibir información **GRATIS Y SIN COMPROMISO**, sobre los requisitos necesarios (edad, estatura, cultura, etcétera), para ser:

AZAFATA
- ☐ VUELO
- ☐ TIERRA
- ☐ CRUCERO
- ☐ RECEPCIÓN
- ☐ GUÍA DE CONGRESOS
- ☐ AUXILIAR DE VUELO MASCULINO

LLÁMANOS, VISÍTANOS O ENVÍANOS ESTE CUPÓN A:

Nombre .... Apellidos ....
Edad .... Calle .... Nº ....
Ciudad .... Teléf. ....

---

1. ¿Cuáles son los deberes de la azafata / del aeromozo?

2. ¿Es un trabajo difícil? ¿peligroso? ¿interesante? ¿por qué?

3. ¿Cuáles son las ventajas y desventajas de ser azafata / aeromozo?

_____

_____

_____

4. ¿Cuáles son los peligros?

_____

_____

_____

5. ¿Qué es importante que recuerde una azafata / un aeromozo?

_____

_____

_____

C. Estudiemos la geografía. *Refiriéndose a los mapas, haga los ejercicios siguientes.*

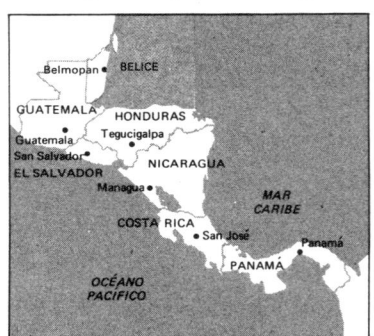

NOMBRE _____ FECHA _____ CLASE _____

I. Subraye Ud. la respuesta que no está relacionada con las ortas y explique por qué.

1. La República Dominicana, México, Cuba, Puerto Rico
2. Colombia, España, Chile, Uruguay
3. Honduras, Perú, El Salvador, Panamá
4. Argentina, Bolivia, Paraguay, Guatemala

II. ¿Cuál es la capital?

1. España _____
2. Chile _____
3. El Salvador _____
4. Nicaragua _____
5. Perú _____
6. Venezuela _____
7. Cuba _____
8. Estados Unidos _____
9. Colombia _____
10. Argentina _____

a. Washington, DC
b. Caracas
c. Buenos Aires
d. La Habana
e. Santiago
f. Lima
g. Managua
h. Bogotá
i. San Salvador
j. Madrid

III. Llene Ud. el espacio con la respuesta correcta.

1. Nicaragua está al norte de _____.
2. _____ es la isla más grande del Caribe.
3. _____ es el país más al sur de Centroamérica.
4. En el occidente de Sudamérica está la cordillera de _____.
5. La República Dominicana está entre _____ y _____.
6. Los Pirineos forman la frontera entre _____ y _____.
7. _____ está al norte de Guatemala.
8. En Sudamérica, los dos países sin costa son _____ y _____.

D. En el extranjero. Ud. está en Buenos Aires y necisita viajar a Lima. Va a una agencia de viajes para hacer sus planes. Escriba el diálogo entre Ud. y el (la) agente. Incluya el modo de transporte, el tiempo que tarda en llegar, las escalas que hace el avión (tren, barco), el precio del pasaje, las horas de salida, cómo llegar al aeropuerto, estación, etc. y dónde quedarse al llegar.

E. Así se dice. Ud. está situado(a) en la puerta central del edificio donde tiene su clase de español. ¿Hasta dónde llegará Ud. si desde la puerta Ud...

MODELO   camina dos cuadras?
              Si camino dos cuadras, llego a la cafetería.

1. cruza la calle? _____

2. dobla a la primer derecha? _____

3. camina seis cuadras? _____

4. sigue derecho por dos cuadras? _____

5. dobla a la segunda izquierda? _____

NOMBRE _____ FECHA _____ CLASE _____

LECCIÓN 11

...y con baño privado, por favor

VOCABULARIO

En Acapulco, los Larson y los Carson hacen reservaciones en el Hotel Estrella del Mar, un hotel de lujo situado en la costa. Llene Ud. el espacio con la(s) palabra(s) apropiada(s).

1. Como es un hotel de lujo, todos los cuartos son...
   a. baratos
   b. incómodos
   c. caros

2. Es una lástima, pero todos los cuartos que dan al mar están...
   a. ocupados
   b. disponibles
   c. limpios

3. Entonces, para apreciar la vista podemos salir al...
   a. vestíbulo
   b. balcón
   c. ascensor

4. Todos los cuartos tienen...
   a. tabaquería
   b. alberca
   c. aire acondicionado

5. Para subir al cuarto hay que pedirle la llave al...
   a. portero
   b. recepcionista
   c. botones

6. Es mejor dejar las cosas valiosas en...
   a. la caja fuerte
   b. la terraza
   c. la almohada

7. Antes de bajar a la piscina, pídele a la criada...
   a. papel higiénico
   b. toallas
   c. cobijas

8. El... da muy buenas giras por la ciudad.
   a. huésped
   b. gerente del hotel
   c. guía turístico

I. Verbos y pronombres reflexivos

A. *En el viaje las niñas adolescentes, Susana y Teresa, pasan horas charlando, comparando sus experiencias. Describa Ud. cómo reaccionan en las situaciones siguientes.*

1. La amiga más íntima de Susana no se acuerda de su cumpleaños. _____

   _____

2. La mamá de Teresa se enfada con ella. _____

   _____

3. Un(a) compañero(a) de clase de Susana se jacta de sus notas. _____

4. El papá de Susana se queja de los problemas mundiales. _____

5. El novio(a) de Teresa se aburre de ella. _____

6. El perro de Teresa se enferma. _____

7. El vecino de Susana se niega a cortar el césped. _____

II. *Se* para sucesos inesperados

*A Pedro Larson siempre le pasa algo. Forme preguntas de las frases siguientes y contéstelas usando el **se** para sucesos inesperados según el modelo.*

MODELO mirar el suelo
 ¿Por qué miras el suelo?
 Se me cayó un lente.

1. volver al hotel _____

2. buscar la guía telefónica _____

3. ir al consulado _____

4. cambiarse los zapatos _____

5. entrar por la ventana _____

6. ir otra vez al banco _____

7. llamar a la policía _____

NOMBRE _____ FECHA _____ CLASE _____

8. tomar un taxi en vez de ir a pie _____

_____

III. *Saber* y *conocer*

*El guía de los Carson es bueno, pero no lo sabe todo. Forme Ud. frases empleando los verbos **saber** y **conocer**.*

MODELO   la dirección del hotel / la calle
   No sé la dirección de su hotel, pero conozco la calle.

1. la dirección del teatro / el barrio

_____

2. esta comida / que se llama *mole*

_____

3. la música mariachi / el título de esta canción

_____

4. el nombre del Presidente de México / su casa

_____

5. la historia de los aztecas / nahuatl (*the Aztec language*)

_____

6. la hora / que es tarde

_____

Y en resumen...

Traducciones

A. *En la ciudad de Puerto Vallarta, los Carson y los Larson no consiguieron reservaciones en el mismo hotel. ¡Sus experiencias son bien distintas!*

Según la señora Larson:

1. The rooms are clean and comfortable, and we swim and sunbathe daily.

_____

2. My husband knows the tour guide and the doorman because we stay in this hotel a lot.

_____

_____

3. I forgot to change money (*not my fault*) but the restaurant and the tobacco stand accepted my traveler's checks.

   _____
   _____

Según la señora Carson:

4. We realized that we forget to bring our bathing suits, and we lost the key to the room.

   _____
   _____

5. Ann was so tired that she didn't take her clothes off before going to bed. But the bed was so uncomfortable she couldn't fall asleep.

   _____
   _____
   _____

6. This is a luxury hotel? The lobby is noisy, the room faces the kitchen and the cashier told me I had to pay in cash!

   _____
   _____
   _____

7. I don't want to complain; but the maid refused to bring us soap and clean sheets!

   _____
   _____

B. *¡Los vecinos encuentran muchas otros turistas en su viaje—bien diferentes! Describa Ud. al turista malo, y al bueno.*

¿Cómo se comporta en...

1. el hotel?

   el bueno _____

   el malo _____

2. el restaurante?

   el bueno _____

   el malo _____

3. el mercado?

   el bueno _____

   el malo _____

NOMBRE _____ FECHA _____ CLASE _____

4. la calle?

   el bueno _____

   el malo _____

   _____

C. El Hotel Alegre. Ud. está en un hotel y necesita llamar al (a la) recepcionista para quejarse de algunas cosas (no hay toallas, hay demasiada calefacción, las sábanas están sucias. etc.). Escriba el diálogo entre Ud. y el (la) recepcionista. Incluya por lo menos cinco problemas y cómo resolverlos.

_____
_____
_____
_____
_____
_____
_____
_____
_____
_____
_____
_____

D. Ud. va a hacer una gira organizada por una agencia de viajes. Su «paquete turístico» va a incluir seis de los servicios siguientes. Selecciónelos y explique por qué cree que sus clientes van a preferirlos.

1. periódico en la habitación
2. recepción en el aeropuerto
3. desayuno incluido todos los días
4. baños turcos y sauna
5. aire acondicionado en la habitación
6. traslado al aeropuerto
7. chocolates y champán de cortesía
8. piscina cubierta / calentada (*heated*)
9. boletos gratuitos para un concierto
10. servicio de restaurante 24 horas en la habitación

1. _____
   _____

2. _____
   _____

3. _____

4. _____

5. _____

6. _____

Ahora, describa Ud. otros tres servicios no mencionados en este paquete.

1. _____

2. _____

3. _____

E. Así se dice. Ud. limpia su desván y encuentra muchas cosas que ya no necesita. Escoja tres artículos que va a vender, y escriba un breve diálogo entre Ud. y un(a) posible comprador(a).

_____

NOMBRE _____ FECHA _____ CLASE _____

LECCIÓN 12

De compras

VOCABULARIO

A La señora Carson le encanta ir de compras. Pero no puede comprar sólo una cosa; siempre busca algo más que haga juego (matches). Para cada número de la columna I escoja Ud. su pareja de la columna II.

1. calcetines __f__
2. falda __g__
3. collar __b__
4. pantalón __d__
5. abrigo __c__
6. cartera __h__
7. traje __e__
8. impermeable __a__

a. paraguas
b. aretes
c. guantes
d. camisa
e. corbata
f. zapatos
g. blusa
h. billetera

Los mandatos

A. *Forme Ud. mandatos afirmativos y negativos.*

Tú	Afirmativo	Negativo
pagar a plazos	paga	no pague ud
atenderlos ahora	los atiende	no atiendas
gastarla aquí	la gasta	no la gastes
traérmelos	los trae	no los traiga
probársela		

Nosotros

visitarlos hoy		
irse pronto		
hacer las reservas		
alojarse aquí		
sacar los cheques		

B. *Hoy es el último día de sus vacaciones juntos, pero los señores Larson y Carson no pueden ponerse de acuerdo sobre sus actividades. Conteste Ud. las preguntas siguientes usando los mandatos y los pronombres apropriados.*

MODELO ¿Pagamos la cuenta?
Sí, páguenla. No, no la paguen.

1. ¿Compramos recuerdos?

2. ¿Escribimos tarjetas postales?

3. ¿Les traemos helados a los niños?

4. ¿Hacemos reservaciones?

5. ¿Facturamos las maletas?

6. ¿Nos quedamos aquí?

7. ¿Sacamos muchas fotos?

8. ¿Se lo decimos al gerente?

9. ¿Nos acostamos temprano?

10. ¿Nos despedimos de los Padilla?

C. *Al contrario, los hijos están completamente de acuerdo. Quieren recorrer la capital una vez más, y hacer de todo. Forme Ud. mandatos (**nosotros**—let's) de las siguientes frases.*

MODELO Hacer una excursión de un día a Cuernavaca.
Hagamos una excursión de un día a Cuernavaca.

1. dar un paseo por la plaza del Zócalo

NOMBRE _____ FECHA _____ CLASE _____

2. regatear en los mercados populares

   _____

3. cenar en un restaurante elegante de la Zona Rosa

   _____

4. ir a los jardines flotantes de Xochimilco

   _____

5. subir las pirámides de Teotihuacán

   _____

6. asistir a misa (*mass*) en la Basílica de Guadalupe

   _____

7. conocer a la gente mexicana

   _____

8. probar las bebidas típicas como tequila, jamaica y el chocolate caliente

   _____

9. visitar el famoso Museo de Arte Moderno

   _____

10. ver el Ballet Folklórico

    _____

D. *Cambie Ud. las frases según el modelo.*

MODELO   Debes estudiar la lección.
             ¡Estudia la lección!

1. Debes ponerte a dieta. _____

2. Deben salir temprano. _____

3. Debe llevar el mapa. _____

4. Deben preguntármelo. _____

5. Debes ahorrar tu dinero. _____

6. Deben portarse bien. _____

7. Debe venir a verme. _____

8. Debes conducir con cuidado. _____

E. *Nunca lo dejan a Carlitos hacer lo que quiere cuando lo quiere. Dígale que haga las cosas después y explíquele por qué.*

MODELO Quiero cenar ahora.
  No cenes ahora. Es muy temprano. Cena después.

1. Quiero jugar a las cartas.

2. Quiero volver a casa.

3. Quiero hablar con papá.

4. Quiero salir con Susana.

5. Quiero ir de compras.

6. Quiero probar la sopa.

7. Quiero bajar a la piscina.

8. Quiero beber el vino.

F. *Hoy es el último día de vacaciones y todos tienen que salir pronto para el aeropuerto. Pero la señora Larson se preocupa un poco porque piensa que demoran (are lingering; tarrying) mucho. Siga Ud. el modelo.*

MODELO Levantarse / hijos
  ¡Hijos, levántense, rápido! —Pero, ya nos levantamos!

1. Vestirse / Susana

2. Pedro / afeitarse

3. Querido (*honey*) ponerse la chaqueta

NOMBRE _____ **FECHA** _____ **CLASE** _____

4. Tomás / sentarse a comer

   _____

5. Niños / despedirse de sus amigos

   _____

G. Amalia necesita un vestido para el baile de graduación. Va de compras con su mamá. Llene Ud. el espacio con la forma correcta del verbo indicado. Cambie los pronombres cuando sea necesario y póngalos en el lugar apropiado.

AMALIA: Mamá, (ir) _____ a ese almacén. Ese vestido es divino.

MAMÁ: Pues, (probárselo) _____

AMALIA: Me queda perfectamente. Y estos zapatos, también. Por favor, (comprarlos)

          _____

MAMÁ: Amalia, ya tienes zapatos.

AMALIA: Pero no de ese color. Es importante que los zapatos (hacer) _____ juego

          con el vestido. Y es obligatorio que la corbata de Gabriel (tener) _____ el

          mismo color.

MAMÁ: ¿Gabriel? ¿Quién es? No lo (saber / conocer) _____ .

AMALIA: Claro que sí, mamá. Es el que me invitó al partido de fútbol.

MAMÁ: Ay, hija, no me (decir) _____ eso. ¿Ese chico con el arete de plata y el

          cabello muy largo?

AMALIA: Mamá, no (ponerse) _____ nerviosa. Es verdad que él (vestirse)

          _____ de un modo original, pero es responsable e inteligente. (Saber /

          conocer) _____ tres idiomas, (saber / conocer) _____ la

          historia y la filosofía y es muy cortés. No (saber / conocer) _____ nada, mamá.

MAMÁ: (Decirle) _____ todo a tu papá. Es mejor que él los (llevar)

          _____ a Uds. al baile.

Lección 12

AMALIA: No (ser) _____ loca, mamá. ¡Nadie va con los padres! Vamos a alquilar un coche de lujo (*limousine*).

MAMÁ: Es dudoso que tu papá lo (permitir) _____ . (Acordarse) _____ hija que no somos millonarios. Cuando yo tenía tu edad...

AMALIA: No (preocuparse) _____ , mamá. Gabriel va a pagar el coche. Pero (darse) _____ cuenta de que los tiempos cambian.

H. *Usando mandatos, explique Ud. cómo se hacen las siguientes actividades.*

MODELO   hacer una torta
Añada los ingredientes.
Mezcle bien.
Póngala en el horno por una hora.

1. comprar algo con una tarjeta de crédito _____

2. usar la guía telefónica _____

3. organizar una fiesta de cumpleaños "sorpresa" _____

Y en resumen...

A. Cuando van de compras en la ciudad de México, Luisa y Carmen ven la publicidad por todas partes. Escriba Ud. un anuncio comercial original usando por lo menos cinco mandatos.

MODELO   El jabón «Flor»
Vaya **al mercado hoy y *compre* este jabón maravilloso.**
Pruébelo **hoy y *úselo* todos los días. *Lávese* con este jabón fantástico.**

NOMBRE _____ FECHA _____ CLASE _____

_____
_____
_____
_____

B. *De vuelta ya de su viaje a México, la señora Larson es experta en viajes al extranjero. Sabe que hay que estar bien organizado para no olvidar nada importante. Ahora ella aconseja a su amiga, Ángela Pearson, quien planea un viaje a España. Empleando los mandatos familiares (tú), escriba Ud. lo que ella le va a aconsejar a su amiga.*

MODELO   un mes antes de irse
   Angela, ve a la agencia de viajes y compra tu pasaje.

1. un mes antes de irse

   _____
   _____
   _____
   _____

2. una semana antes de irse

   _____
   _____
   _____
   _____

3. el día anterior

   _____
   _____
   _____
   _____

NOMBRE _____ FECHA _____ CLASE _____

LECCIÓN 13

¡Llueve a cántaros!

VOCABULARIO

Identifique Ud. la condición meteorológica que corresponde a cada frase. Escoja Ud. la palabra o la expresión de la lista que sigue.

sequía	huracán	humedad	salida del sol	tormenta	arco iris
nevada	anochecer	niebla	terremoto	ciclón	

1. Hace dos meses que no llueve. _____
2. La tierra temblaba y los edificios se caían. _____
3. Llueve por aquí pero hay sol por allá. _____
4. El cielo comienza a oscurecer. _____
5. Había truenos y relámpagos toda la noche. _____
6. La temperatura llegó bajo cero y comenzó a precipitar. _____
7. No se veía nada. Tuvieron que cerrar el aeropuerto. _____
8. El viento en la costa llegó a cien millas por hora. _____

I. El subjuntivo en cláusulas sustantivas

A. *En caso de un huracán, siga los consejos siguientes. Llene Ud. el espacio con la forma correcta de verbo.*

1. Aconsejamos que Uds. (comprar) _____ mucha comida y que la (guardar) _____ en el sótano.

2. Recomendamos que Uds. (escuchar) _____ con cuidado la prognosis y que (prestar) _____ mucha atención.

3. Sugerimos que Uds. (cubrir) _____ las ventanas con madera.

4. Si hay vientos fuertes, recomendamos que (ir) _____ al sótano y que (quedarse) _____ allí.

5. Esperamos que Uds. (seguir) _____ este consejo.

B. Con la forma apropiada de los verbos, forme Ud. frases originales. Siga Ud. el modelo.

MODELO   Mamá / dejar / yo...
   Mamá nunca deja que yo salga a bailar los sábados por la noche.

1. Mi hermano mayor / exigir / Jaime y yo...

2. Mis padres / insistir / mi hermano...

3. La profesora / prohibir / Uds...

4. La niñera / rogar / mis hermanitos...

5. El bibliotecario / mandar / nosotros...

6. El meteorólogo / aconsejar / todos...

7. El médico / sugerir / tú...

8. Los policías / ordenar / conductores...

C. Traducciones

1. I hope it snows tomorrow because we want to go to the mountains. We want you to come with us.

2. My cousin insists that we return before nightfall.

3. Tell your brothers to meet us at the house at sunrise.

NOMBRE _____ FECHA _____ CLASE _____

4. It is 42 degrees! It's too warm to snow. I am angry that it's raining so much.

_____

_____

5. The sun is out! If we can't ski, at least maybe we can see a rainbow.

_____

_____

II. Los pronombres relativos

A. *Termine Ud. la frase de una manera original.*

1. El hombre cuyas _____

_____

2. La casa delante de la cual _____

_____

3. La caja en que _____

_____

4. El que asiste a clase todos los días _____

_____

5. La hija de mi vecino, la cual _____

_____

6. Nos gusta esta película, pero la que _____

_____

7. El abogado de quien _____

_____

8. Los niños que _____

_____

B. *Forme Ud. preguntas con énfasis sobre la parte itálica y luego contéstelas usando el pronombre relativo.*

MODELO   Me quedé en ese *hotel.*
                   ¿Qué hotel es ése?
                   Es el hotel en que me quedé.

1. Voté por ese *candidato*.

2. Ese *hombre* inventó el coche eléctrico.

3. Encontraron las ruinas antiguas debajo de ese *puente*.

4. Descubrieron diamantes en esas *minas*.

5. Tú siempre hablas de esa *cantante*.

6. Ellos le dieron el Premio Nobel a ese *médico*.

7. Escondieron una bomba a bordo de ese *avión*.

C. *Marta, quien es dueña de un almacén lujoso, describe a sus clientes célebres. Escoja Ud. la respuesta correcta para cada frase.*

1. Bárbara, (cuyo, el cual) esposo es presidente, siempre paga a plazos.
2. Cindy (a quien, al cual) le encantan los pantalones de cuero, es cantante.
3. ¿Sabes (lo cual, lo que) me pasó el otro día?
4. Jimmy Smits, (quien, el que) está en la televisión, entró en la tienda.
5. Me pidió ayuda porque no sabía (qué, lo que) escoger.
6. Probó unas camisas de seda, (quienes, las cuales) de quedaban divino.
7. Estos dos niños rubios, (cuyos, cuya) mamá es princesa, siempre necesitan zapatillas.

8. (Quien, El cual) llega temprano puede charlar con aquel meteorólogo (que, el que) anuncia los cumpleaños de los ancianos en la televisión.

9. Yo guardé el lápiz con (que, el cual) Mel Gibson firmó su cheque.

10. La reina y su hija, (quien, la cual) va a casarse pronto, vinieron en busca de vestidos para la boda.

Y en resumen...

A. Traducciones

1. The party we went to last night was a disaster.

2. Carlos, whose cousin was going to drive us, didn't come.

3. The girl I invited got sick.

4. I didn't realize that the person I was dancing with was my roommate's girlfriend.

5. As we left, there was lightning and thunder; then it started to hail.

6. The weather forecast we heard last night was correct!

B. Asi se dice

Ud. le dijo a su amigo...   Su amigo le contestó...

1. _____
   _____   ¡Qué horror!

2. _____
   _____   ¡Me las vas a pagar!

3. _____
   _____   ¡Estoy hasta las narices con ellos!

4. _____
   _____   ¡Qué pesado!

5. _____
   _____   ¡No hay más remedio!

C. *Describa Ud. la fecha y el estado de clima ideales para:*

a. una noche romántica con su novio(a):

_____

_____

b. unas vacaciones escolares:

_____

_____

c. su boda:

_____

_____

d. la época de exámenes:

_____

_____

NOMBRE _____ FECHA _____ CLASE _____

LECCIÓN 14

Medias rojas 2; Tigres 0

VOCABULARIO

Escoja Ud. la palabra que no está relacionada con la palabra en la columna I.

I.

1. equipo: jugador   espectador   entrenador
2. natación: alberca   raqueta   toalla
3. tenis: cesta   red   cancha
4. fútbol: bate   pelota   estadio
5. béisbol: coger   patear   lanzar
6. esquí: botas   guantes   zapatillas
7. uniforme: casco   impermeable   pantalones
8. marcador: anotación   punto   comentarista

I. El tiempo futuro

A. *Cambie Ud. el verbo de la forma **ir a** + infinitivo a la forma del futuro.*

MODELO   Vas a cenar ahora.
             Cenarás ahora.

1. Vamos a jugar al tenis.

   _____

2. Van a invitarnos a la piscina.

   _____

3. ¿Va a viajar este verano?

   _____

4. Voy a hacer mis planes pronto.

   _____

5. El futbolista va a patear primero.

   _____

6. ¿Vas a traer dinero para comprar la pelota?

   _____

7. Mi equipo favorito no va a ganar.

8. Los espectadores van a ver un partido estupendo.

B. *¿Qué hará Ud. mañana a las...*

1. 7:30? _____
2. 1:30? _____
3. 3:00? _____
4. 6:00? _____
5. 10:45? _____

C. *La Reina de Inglaterra va a asistir a un partido de béisbol durante una visita a los EE.UU. Sus consejeros están planeando todos los detalles. Pero a veces los mejores planes cambian. Conteste Ud. las preguntas, usando el futuro según el modelo.*

MODELO ¿A qué hora va a llegar su Majestad? (las siete en punto)
Su Majestad llegará a las siete en punto.

1. ¿Quién va a acompañarla? (el Presidente de los EE.UU.)

2. ¿Qué van a poner en el suelo Uds.? (una alfombra roja)

3. ¿Cuánto tiempo se van a quedar ellos? (por cinco «innings»)

4. ¿Quién va a ofrecerle un perro caliente? (un aficionado)

5. ¿Quiénes van a explicarles las reglas? (los jugadores)

NOMBRE _____ **FECHA** _____ **CLASE** _____

6. ¿Cuándo va a lanzar la primera pelota? (al comienzo del partido)
   _____
   _____

II. El tiempo condicional

A. *Termine Ud. la frase de una manera original con un verbo en el condicional.*

MODELO   Nos informaron que su hermano...
   Nos informaron que su hermano vendría a la fiesta.

1. Me dijo que el jugador _____
   _____

2. Nos escribieron que Marta _____
   _____

3. Te informé que el partido _____
   _____

4. Le contestaron que ellos _____
   _____

5. Me respondió que el jugador _____
   _____

6. Nos indicó que los equipos _____
   _____

B. Traducciones

1. When we were in Spain, we would play soccer every week.
   _____

2. I'd participate in a sport now, but I don't have time.
   _____

3. I prefer to be a spectator. Would you go to the tennis match with me? I'd love to go!
   _____
   _____

4. The commentator said that the champion would win again. I hope he's right!
   _____
   _____

III. El tiempo futuro para indicar probabilidad

Carlitos asiste a su primer partido de fútbol. Conteste Ud. las preguntas de Carlitos, usando el futuro según el modelo.

MODELO ¿Cuánto cuestan los billetes? (120 pesos)
No estoy seguro. Costarán 120 pesos.

1. ¿Qué vende el señor allí? (chicle o pasteles)

2. ¿Quién tiene el balón ahora? (los Tigres)

3. ¿Dónde está el árbitro? (adentro)

4. ¿Cuántas personas caben en el estadio? (30.000)

5. ¿Cuántos goles suele marcar el otro equipo? (cinco)

6. ¿Por qué no juega Moreno hoy? (está herido)

7. ¿Cuántos veces juegan por semana? (tres)

8. ¿Cuánto tiempo hace que nuestro equipo no gana? (un año)

Y en resumen...

A. Traducciones

1. I wonder if Carreras is pitching tonight?

2. You don't suppose he's still in the hospital?

3. I don't know but there was probably an article in yesterday's paper.

4. Do you suppose there are still some papers at Lucas' kiosk? Let's go see.

5. What time can it be? It's six already! Lucas probably closed early to go to the game.

   _____

6. He must be a soccer fan.

   _____

B. Así se dice.

Ud. le dijo a su amigo...   Su amigo le contestó...

1. _____

   _____   ¡Qué sorpresa!

2. _____

   _____   ¡Qué mono!

3. _____

   _____   ¡Cuánto me alegro!

4. _____

   _____   ¡Qué alivio!

5. _____

   _____   ¡No puede ser!

C. Pablo, su esposa y sus tres hijos son muy aficionados al béisbol. Están planeando un viaje de fin de semana a Boston para ver jugar a su equipo favorito, los Medias Rojas. Empleando por lo menos ocho de los siguientes verbos en el futuro, describa Ud. el viaje.

| quedarse | alquilar | pagar | comer | asistir |
| hacer | poner | ser | decir | estar |

_____

_____

_____

_____

_____

_____

_____

_____

LECCIÓN 15

Y, las noticias...

VOCABULARIO

Forme Ud. frases empleando un elemento de cada columna, según el modelo.

MODELO   obituario / decano / morir en un accidente
Hubo un obituario porque el decano de la universidad murió en un accidente.

1. incendio
2. manifestación
3. huelga
4. golpe de estado
5. noticiero especial
6. censura
7. crimen
8. arresto

presidente
gobierno
policía
niños
trabajadores
ladrón
generales
sindicato

controlar la prensa
querer cambiar el gobierno
jugar con fósforos
protestar los salarios bajos
pedir más beneficios económicos
encontrar al asesino
dar una conferencia
robar un banco

I. Expresiones negativas

A. *Cambie Ud. la frase del negativo al afirmativo.*

MODELO   Los Torres nunca están al tanto de las noticias.
Los Torres siempre están al tanto de las noticias.

1. En la familia Torres nadie mira los noticieros en la televisión

___

2. No les gusta ni el locutor ni la anfitriona.

___

3. Ellos tampoco leen el periódico.

___

4. Dicen que nunca hay nada interesante en la sección de las noticias locales.

___

5. A los niños no les interesa ninguna de las historietas.

___

6. No miran la televisión jamás.

___

7. Por eso no voy a ir a su casa de ningún modo.
___

B. *A veces no hay muchas noticias. Conteste en el pasado según el modelo.*

MODELO   ¿(Haber) un terremoto?
   No, hoy no hubo ningún terremoto.

1. ¿(Morir) alguien en un accidente?
___

2. ¿(Haber) un incendio desastroso?
___

3. ¿(Dar) un discurso algún presidente?
___

4. ¿(Llegar) alguien a la luna?
___

5. ¿(Casarse) alguna estrella de cine?
___

6. ¿(Secuestrar) un avión algunos terroristas?
___

7. ¿(Ser) atacada alguna embajada?
___

8. ¿(Haber) manifestaciones en la calle?
___

9. ¿(Subir) alguien a la cima de alguna montaña?
___

10. ¿(Descubrir) algún nuevo gen?
___

II. El subjuntivo en cláusulas adjetivales

A. *Llene Ud. el espacio con la forma correcta del verbo.*

1. ¿Quiere Ud. comprar un coche que (costar) _____ menos de $1,000?

NOMBRE _____ **FECHA** _____ **CLASE** _____

2. Busco un libro que (ser) _____ realmente fascinante.

3. ¿Conoces a alguien que (saber) _____ arreglar radios?

4. Jorge necesita comprar un abrigo que le (gustar) _____ a su novia.

5. Encontramos un canal que (tocar) _____ música todo el día.

6. Tengo tres amigos que (poder) _____ ayudarnos.

7. No hay nadie que siempre (estar) _____ al tanto de las noticias.

8. El productor quiere emplear a alguien que (criticar) _____ las películas.

B. Traducciones

1. Don't you read the newspaper? Not even the sports section or the classifieds? _____

2. I never read anything that doesn't have a comic strip. _____

3. Do you know anyone who works on a newspaper? _____

4. We know a columnist who always writes about movie stars. But I don't know any reporter who tells the truth. _____

5. You don't like anyone who disagrees with you. But there is nothing that is more important than freedom of the press. _____

6. There are some places where there are no independent newspapers or TV stations and where reporters are arrested because they criticize the government. _____

7. I hope more than anything that the laws never permit censorship. _____

Y en resumen...

A. Reportero. Ud. es periodista que acaba de llegar a un indendio. Después de haber entrevistado a los testigos, Ud. llama a su oficina para contar los detalles. ¿Qué le dice Ud. a su jefe? Incluya **quién, qué, dónde, cómo** y **por qué** en su reportaje.

_____
_____
_____
_____
_____
_____
_____

B. Belleza y salud. En la sección Belleza y Salud, siempre se ofrecen muchos consejos. Complete Ud. los siguientes consejos en el imperativo (Ud.)

1. (Comer) alimentos que no (tener) mucha grasa.

   _____

2. No (quedarse) mucho tiempo en un lugar que no (estar) protegido del sol.

   _____
   _____

3. (Hacer) ejercicios que (aumentar) la respiración pero que no (someter) el corazón a esfuerzo excesivo.

   _____
   _____

4. (Buscar) un trabajo que no (causar) mucho estrés (*stress*), y un jefe que no (exigir) un horario ridículo.

   _____
   _____

5. (Dormir) ocho horas cada día en una cama que (ser) firme y cómoda.

   _____
   _____

6. No (usar) los productos que (hacer) daño a la piel.

   _____

NOMBRE _____ **FECHA** _____ **CLASE** _____

7. No (fumar) cigarrillos ni cigarros ni pipa.
   _____

8. No (perder) nunca su sentido de humor.
   _____

9. (Evitar) las personas que lo / la (volver) loco.
   _____

C. En una revista popular se encuentran también las secciones MODA, DECORACIÓN, ENTREVISTAS, ADEMÁS. ¿Cuáles son algunos artículos posibles que encontrartemos en estas secciones? Dé Ud. tres títulos posibles para cada sección.

MODA
_____
_____
_____

DECORACIÓN
_____
_____
_____

ENTREVISTAS
_____
_____
_____

ADEMÁS
_____
_____
_____

D. Manuela es fanatica de los horóscopos. Su cumpleaños es el 27 de agosto, entonces su signo es Virgo. Complete Ud. el pronóstico para Manuela de la semana que viene con la forma correcta de los verbos.

VIRGO: 24 / 8 hasta 23 / 9 (el 24 de agosto hasta el 23 de septiembre)
PRONOSTICO: Favorable

(Mantener) _____ un control sobre tus actividades financieras. No es aconsejable que tú

(invertir) _____ en la **bolsa** ahora. Tus amistades te (ayudar) _____ en estos asuntos.

Lección 15

Esta semana (ser) _____ favorable para el amor; (atreverse) _____ a tomar la iniciativa con tu pareja; no (tener) _____ miedo de sugerir le unas ideas para actividades de fin de semana. (Hacer) _____ buen tiempo ¡(Aprovecharlo)! ¡_____!
(Escoger) _____ actividades que los dos (poder) _____ hacer al aire libre. Un anuncio clasificado te (traer) _____ buena suerte en un futuro trabajo; (buscar) _____ algo que te (ofrecer) _____ oportunidades para viajar. Ahora, complete Ud. los siguientes pronósticos, empleando por lo menos 3 mandatos, y tres verbos en el futuro.

SAGITARIO: 23 / 11 hasta 21 / 12
PRONOSTICO: Muy favorable

_____
_____
_____

TAURO 21 / 4 hasta 20 / 5
PRONOSTICO: Malo

_____
_____
_____

NOMBRE _____ FECHA _____ CLASE _____

LECCIÓN 16

Herederos de la Raza

VOCABULARIO

Llene Ud. el espacio con la(s) palabra(s) apropiada(s).

1. Un... es una persona de ascendencia europea y africana.
   a. chicano   b. mestizo   c. mulato

2. El término "chicano" se popularizó en...
   a. los EE.UU.   b. México   c. Europa

3. A causa de los problemas económicos y políticos, el número de refugiados que viene a los EE.UU. sigue...
   a. aumentando   b. cambiando   c. reduciendo

4. Por miedo de perder sus tradiciones, muchos inmigrantes... asimilarse a la cultura nueva.
   a. tratan de   b. intentan   c. se resisten a

5. Los mexicano-americanos están orgullosos de su... india.
   a. arquitectura   b. raza   c. herencia

6. Al terminar una cosecha, los braceros... a otra región.
   a. pertenecen   b. se mudan   c. emigran

7. Los campesinos cosechan... en el verano.
   a. pepinos   b. pollos   c. perlas

8. El niño se parece a su padre. Tiene los mismos...
   a. prejuicios   b. problemas   c. rasgos

I. Los tiempos perfectos

A. *Escriba Ud. el tiempo perfecto apropiado del verbo.*

MODELO   Yo comería el pan.
         Yo habría comido el pan.

1. El gato rompe el cristal. _____

2. Ellos iban a la isla. _____

3. Mi tío resolverá el problema. _____

4. Verías la película mañana. _____

5. Mi hija pone la mesa. _____

6. ¿Le devolvían los libros? _____

7. Leerán el periódico. _____

8. Los pájaros mueren. _____

9. Tú escribías poemas. _____

10. Se abrirá la tienda a las nueve. _____

B. Sandra charla con su nueva amiga Carla, que acaba de llegar de México. Le hace muchas preguntas—a veces un poco ingenuas (naive). Siga Ud. el modelo.

MODELO ¿(ver) televisión en inglés?
  ¿Alguna vez has visto televisión en inglés?

1. ¿(subir) en un ascensor?

2. ¿(comer) en McDonalds?

3. ¿(leer) las tiras cómicas?

4. ¿(hacer) un viaje a la capital?

5. ¿(ponerse) abrigo de lana, guantes y botas?

6. ¿(oír) un conjunto de rock?

7. ¿(jugar) al béisbol?

II. El imperfecto del subjuntivo / correlación de tiempos

A. Llene Ud. el espacio con la forma correcta del verbo.

NOMBRE _____ FECHA _____ CLASE _____

Si Ud. ha cantado la canción «La cucaracha», es probable que (pensar) _____ alguna vez en el origen de esta canción mexicana. ¿Le sorprendería que no (referirse) _____ al pequeño animal marrón, sino que (tener) _____ su origen en un episodio de la vida de Pancho Villa, un héroe de la Revolución Mexicana. Le parecería increíble que «La cucaracha» (ser) _____ la canción oficial de las tropas de este general.

Es verdad. Pancho Villa (llamar) _____ su auto «La cucaracha» porque (ser) _____ viejo y nunca (andar) _____ bien. Una noche, el auto del general (descomponerse) _____ en el camino, y era necesario que sus soldados lo (empujar) _____ hasta el campamento. Villa, de muy buen humor, anunció «La cucaracha no camina bien porque necesita (fumar) _____ más.» Con este verso famoso los soldados empezaron a cantar y así se originó la canción.

B. *Termine Ud. las frases siguientes con la forma correcta de la primera expresión de cada grupo.*

1. cosechar las legumbres

    a. Papá quería que nosotros _____

    b. Era mejor que ellos _____

    c. Yo espero _____

    d. Sería imposible que tú _____

2. heredar mucho dinero

    a. José dudaba que los niños _____

    b. No es verdad que Marta _____

    c. Ellos quieren _____

    d. Sería bueno que Ud. _____

3. traducir la carta al español

    a. Insistió en que la intérprete _____

    b. Será necesario que el abogado _____

    c. Sería útil _____

    d. Dígales que _____

C. *Cambie Ud. la frase del presente al pasado.*

1. Tu vecina quiere una criada que trabaje mucho.

2. Mi abuela tiene miedo de que los niños se hagan daño.

3. Su madre tiene un amigo que viene en mayo.

4. Las chicas quieren vestidos que estén de moda.

5. Es importante que el equipo gane el partido.

6. Conviene que tú le avises.

7. Es necesario que se duerman en seguida.

8. Insisto en que se callen.

9. Ud. teme que él pegue al perro.

10. No dudamos que tú lo sabes.

11. No sé la hora. Aunque sea tarde, me quedaré.

12. Es evidente que ellos lo hacen en broma.

13. Tu hermana duda que tú lo sepas.

14. El maestro me aconseja que estudie más.

15. Es de esperar que ésta sea la última frase.

Y en resumen...

A. Los tiempos verbales. *Cambie el verbo al pluscuamperfecto y termine la frase según el modelo.*

MODELO   yo / jugar
Yo ya había jugado pero él insistió en que jugara otra vez.

1. nosotros / comer

2. mi hermana / asistir a la conferencia

3. ellos / inscribirse

4. Ud. / firmar el contrato

5. tú / decirlo

6. yo / almorzar

7. el camarero / servir el postre

8. tú y yo / recitarlo

9. Ella / hacerla

10. Uds. / dárselo

B. Traducciones.

1. My father's family had already emigrated from Mexico before the first group of Italians began arriving here. _____

2. It was difficult for them to assimilate into the new culture.

3. They had to share a tiny house with ten other day laborers; they asked the boss to increase their wages but he refused. _____

4. We asked our grandmother to immigrate to the U.S., but she didn't want to leave her country.

5. Has she ever come to visit you?
   Yes, two years ago. She would have come this summer, but she had to move to another house.

C. Así se dice. ¿Cuál fue la pregunta que evocó estas respuestas?

1. Lo pasé de maravilla, gracias.

2. Estaba en la vecindad y quería saludarte.

3. Me fue muy bien.

4. He estado enfermo.

5. El viaje fue divino.

NOMBRE _____ FECHA _____ CLASE _____

LECCIÓN 17

De donde crece la palma

VOCABULARIO

Escoja Ud. un verbo de la Columna I y un sustantivo de la Columna II para completar cada frase.

1. reemplazar _____
2. fracasar _____
3. estar al alcance _____
4. beneficiar _____
5. votar _____
6. huír _____
7. oponerse a _____
8. agotarse _____
9. protestar _____
10. obligar _____

a. tiranía
b. esperanza
c. maltrato
d. desigualdad
e. desterrados
f. explotación
g. analfabetismo
h. escasez
i. partidos políticos
j. revuelto

1. Un dictador _____ al monarca; hubo mucho(a) _____.
2. La comida _____; hubo mucho(a) _____.
3. La educación _____ sólo a los de la clase alta; hubo mucho(a) _____ entre los de la clase baja.
4. Las leyes _____ sólo la minoría; hubo mucho(a) _____.
5. El proletario _____ la injusticia; hubo un _____.
6. El gobierno _____ las reformas; hubo _____ de los trabajadores.
7. El levantamiento _____ y el gobierno detuvo a mucha gente; hubo mucho(a) _____ de los detenidos.
8. Muchos revolucionarios _____ el país; hubo muchos _____.
9. Pero la presión _____ al gobierno a aceptar el pluralismo; hubo muchos _____.
10. Los ciudadanos _____ por la democracia; hubo _____.

I. Preposiciones

A. *Describa Ud. la posición relativa de los siguientes objetos, empleando una preposición apropiada, según el modelo.*

MODELO carta / sobre
La carta está dentro del sobre.

espejo / pared
El espejo está en la pared.

1. avión / nubes _____
2. regalo / caja _____
3. muralla / ciudad _____
4. lámpara / mesa _____
5. árboles / casa _____
6. California / Nueva York _____
7. cabeza / pies _____
8. leche / vaso _____
9. cuaderno / escritorio _____
10. monedas / bolsillo _____

B. *Describa Ud. el uso de los siguientes artículos.*

MODELO una toalla
Una toalla sirve para secarse después de bañarse.

1. la pasta de dientes

2. el café

3. un paraguas

4. una aspirina

NOMBRE _____ FECHA _____ CLASE _____

5. una servilleta

   _____

6. un pasaporte

   _____

C. *Describa Ud. las siguientes acciones con las preposiciones apropiadas.*

MODELO preparar un sándwich
  Hay que poner carne entre dos trozos de pan.
  Hay que poner sal encima de la carne.
  Hay que poner el sándwich en la boca.

1. lavarse los dientes

   _____
   _____
   _____

2. limpiar un cuarto

   _____
   _____
   _____

3. preparar una carta para mandar

   _____
   _____
   _____

4. montar a bicicleta

   _____
   _____
   _____

5. hacer una maleta

   _____
   _____
   _____

D. Complete Ud. cada pregunta con la preposición y la forma del verbo correctas.

MODELO   preocuparse: ¿*De* qué *se preocupa* Ud.?

1. soñar: ¿_____ quién _____ Ud.?
2. consistir: ¿_____ qué _____ la comida cubana?
3. depender: ¿_____ quién _____ el presidente de los EE.UU?
4. alegrarse: ¿_____ qué _____ los niños pequeños?
5. insistir: ¿_____ qué _____ los padres de Ud.?
6. confiar: ¿_____ quién _____ Ud.?
7. quejarse: ¿_____ qué _____ los estudiantes universitarios?
8. olvidarse: ¿_____ qué _____ su novio(a) con frecuencia?

Y en resumen...

A. Traducciones.

1. She married a Hispanic and now they both are bilingual.

2. Under the dictatorship, they had both learned to fulfill all their obligations without protest.

3. Nobody dared to talk about the revolution but things went from bad to worse.

4. Later, they began to oppose the government.

5. Now, things are beginning to change. Between you and me, everything depends on the new political parties and the elections.

B. Así se dice. Conteste Ud. las preguntas siguientes.

1. ¿Cuánto cuesta una casa en Sri Lanka?

NOMBRE _____ **FECHA** _____ **CLASE** _____

2. ¿Quién ganó el Premio Nobel de Literatura en 1973?

3. ¿Cuántos hispanos hay en los EE.UU.?

4. ¿Dónde se habla papiamento?

5. ¿Cómo se cocina un pato con salsa de naranja?

C. *Invente Ud. un lema para las siguientes situaciones.*

MODELO Ud. es candidato para presidente de los EE.UU.
¡Entre Ud. en el siglo XXI! ¡Vote por Eduardo Rivera!

1. Ud. protesta el analfabetismo de los pobres.

2. Ud. es candidato para gobernador de su estado.

3. Ud. lucha contra la adicción a las drogas en su ciudad.

4. Ud. protesta la discriminación contra las mujeres.

LECCIÓN 18

Isla del encanto

VOCABULARIO

Escoja Ud. la frase en la columna II que corresponde a las palabras en la columna I. Llene el espacio con la palabra apropiada de la lista.

derechos	ciudadanos	agua	fregando	música	África
dinero	gobierno	jefe	Puerto Rico	familias	nació
tierra	emplea	fiestas	persona	Caribe	

a. ¿Quiénes son estas personas?

I

1. boricua _____
2. lavaplatos _____
3. ciudadano _____
4. conquistador _____
5. esclavo _____

II

a. _____ fuerza y armas para ganar.

b. Es propiedad de otra _____ .

c. _____ en la isla de _____.

d. Tiene ciertos _____ que le permiten participar en el _____ de su país.

e. Se gana la vida _____ los platos en un restaurante.

b. Y, ¿qué son estas cosas?

I

1. isla _____
2. conga _____
3. tribu _____
4. bongó _____
5. impuestos _____

II

a. Es un grupo de _____ que tiene el mismo origen y vive bajo la autoridad del mismo _____.

b. Es un pedazo de _____ que está rodeado completamente de _____.

c. Es un instrumento que se usa en _____ para _____ y celebraciones especiales.

d. Es el baile y la _____ popular en el _____

e. Es el _____ que pagan los _____ para pagar los gastos del gobierno.

I. El subjuntivo en cláusulas adverbiales

A. *Cambie Ud. las frases, añadiendo el nuevo sujeto, según el model.*

MODELO   Van al cine para ver la película. (su hija)
   Van al cine para que su hija vea la película.

1. Después de cenar, vamos al cine. (Sofía)

2. Vamos a salir temprano para encontrar un buen asiento. (tú)

3. José trae mucho dinero de miedo de no tener suficiente. (sus hermanos)

4. Al llegar a la ventanilla, pagamos sin decir nada. (el empleado)

5. Nos quedaremos hasta verla tres veces. (Marta)

6. Antes de volver a casa, Pedrín va a comprar dos helados. (Lilián)

B. *A mi tío le gusta mucho expresar sus ideas. Use las conjunciones siguientes para terminar la frase de una manera original:* **cuando, tan pronto como, hasta que, aunque, mientras, a menos que, con tal que.**

MODELO   **Habrá la posibilidad de una guerra a menos que el dictador cambie sus métodos.**

1. La discriminación desaparecerá _____

2. No se puede resolver el problema del desempleo _____

3. El gobierno se mantiene fuerte _____

NOMBRE _____ **FECHA** _____ **CLASE** _____

4. Existirá el analfabetismo _____

_____

_____

5. Una educación universitaria no será posible para muchos _____

_____

_____

6. El nivel de vida va a mejorar _____

_____

_____

7. Podemos eliminar la contaminación del medio ambiente _____

_____

_____

II. El subjuntivo en cláusulas condicionales

A. Termine Ud. las frases siguientes según el modelo.

MODELO comprarte diamantes / tú pedírmelos
Te compraría diamantes si tú me los pidieras.

1. llevarte a Europa / yo tener dinero _____

_____

2. levantarme durante la noche / el bebé llorar _____

_____

3. almorzar con tus padres todos los domingos / ellos insistir _____

_____

4. acompañarte a la ópera / tú querer _____

_____

5. sacrificar mi carrera por la tuya / tú conseguir un trabajo mejor _____

_____

6. compartir el dinero / yo ganar la lotería _____

_____

Lección 18

7. darte la luna / eso ser posible _____

B. *Complete Ud. las frases siguientes con una expresión apropiada. Siga el modelo.*

MODELO No sabía su dirección.
 Si hubiera sabido su dirección, habría mandado flores.

1. No sabíamos la hora del concierto.

2. No sabía el horario del banco.

3. No sabían el nombre del consul.

4. Tú no sabías las respuestas.

5. El turista no sabía la lengua.

C. *Termine Ud. las frases siguientes con **como si** y el verbo indicado. Siga el modelo.*

MODELO No es viejo. (hablar)
 No es viejo, pero habla como si fuera viejo.

1. No es Plácido Domingo. (cantar)

2. No estoy contento. (sonreír)

3. No eres millonario. (gastar dinero)

4. No entiendo el arte moderno. (mirarlo)

5. No le interesa. (escuchar)

NOMBRE _____ FECHA _____ CLASE _____

D. Llene Ud. el espacio con la forma apropiada del verbo indicado, y termine las frases de una manera lógica según el modelo.

MODELO   Mi tía gasta dinero como si (ser) millonaria...
Mi tía gasta dinero como si fuera millonaria, pero le debe mucho al banco.

1. Susana habla como si (viajar) _____ por todo el mundo, pero...

2. Tú planeas tu viaje como si (graduarse) _____ en julio, pero...

3. Mamá está cocinando como si (venir) _____ cuarenta personas, pero...

4. El niño llora como si alguien le (hacer) _____ daño, pero...

5. Tú te ríes como si (estar) _____ feliz, pero...

6. Nosotros nos jactamos como si (ganar) _____ el partido, pero...

7. Mariana baila flamenco como si lo (estudiar) _____ en España, pero...

8. Ellos siempre responden como si (saber) _____ la respuesta, pero...

E. Escoja Ud. el verbo correcto.

1. El campesino habla como si el dictador... un héroe.
   a. sea   b. era   c. fuera

2. No creo que... tantos hispanoparlantes en este país.
   a. hay   b. haya   c. hubiera

3. Fue lástima que ellos no... su guitarra.
   a. trajeron   b. traigan   c. trajeran

4. Será posible que Antonio... conmigo a la isla.
   a. va   b. vaya   c. fuera

5. Si... el costo de vida, podemos comprar una casa.
   a. bajara   b. baje   c. baja

6. La policía hizo que... los inmigrantes ilegales.
   a. salir   b. salieron   c. salieran

7. Si yo... gobernador, habría establecido un programa nuevo.
   a. fuera   b. habría sido   c. hubiera sido

F. Traducciones

1. The democratic candidate talks as if he were already president. What do you think of him?

_____

_____

Lección 18

2. I like him. Although his ideas about Social Security might seem a little ambiguous, I believe he can solve the problem.

3. If the Spanish-speaking population rejects him he will suffer a major loss.

4. Yes, and if he were president he would help maintain their standard of living by means of more jobs and more money for education.

5. You're right. If I were they, I'd vote for him.

G. Muchos politicos rompen sus promesas. Dé Ud. el pretexto para cada promesa quebrada, según el modelo.

MODELO   Pondré un coche en cada garaje.
Hubiera puesto un coche en cada garaje, pero la fábrica de coches se quebró (*went bankrupt*).

1. Doblaré el bienestar social.

2. Cambiaré la actitud popular hacia las mujeres.

3. Eliminaré el servicio militar obligatorio.

4. Bajaré los impuestos.

NOMBRE _____ FECHA _____ CLASE _____

5. Lucharé contra la corrupción en el gobierno.

_____

_____

Y en resumen...

Un paraíso tropical. *Viviana pasa una semana de vacaciones en Puerto Rico. Llene Ud. el espacio con la forma apropiada del verbo.*

Querida Anita,

Si yo (poder) _____ volver a un lugar en toda la isla, sería al Yunque, el bosque pluvioso. ¡Es un encanto! Aunque yo ya (conocer) _____ todas las maravillas del mundo, nunca olvidaré este bosque. El guía nos llevó allí durante el día para que (ver) _____ las flores exóticas y los árboles viejísimos. Nos llevó otra vez por la noche a fin de que (escuchar) _____ el coquí y los pájaros tropicales. Si yo (poder) _____, habría vuelto mil veces sólo para escuchar su canto incomparable. Quizás si yo (quedarse) _____ más tiempo, habría oído el grito de la cotorra puertorriqueña, ya casi extinta. A menos que los ecólogos (proteger) _____ esta ave rarísima, veremos su trágica desaparición.

Me gustaría volver a Puerto Rico, pero en caso de que no (ser) _____ posible, he sacado docenas de fotos. En cuanto (volver) _____, te las enseñaré. A menos que (haber) _____ problemas con el vuelo, nos veremos en el aeropuerto el 15 de este mes. Recibe un fuerte abrazo de

                                                Viviana

NOMBRE _____ FECHA _____ CLASE _____

LECCIÓN 19

El amor hace girar al mundo

VOCABULARIO

Ponga Ud. las siguientes actividades en orden lógico.

_____ 1. 4 comprar la sortija

_____ 2. 1 ir en busca del hombre (mujer) de los sueños

_____ 3. 3 enamorarse locamente

_____ 4. 2 coquetear

_____ 5. 8 cambiar el estado civil

_____ 6. 6 informarles a los padres

_____ 7. 7 planear la boda

_____ 8. 9 ir en luna de miel

_____ 9. 5 comprometerse

I. El artículo definido

Llene Ud. el espacio con el artículo definido apropiado si es necesario.

_____ señor Francisco Correa quiere planear un viaje romántico para _____ Sra. Correa, como es su aniversario de treinta años de casados. Piensa ir primero a _____ India, luego a _____ Estados Unidos, y por fin quiere conocer _____ España moderna y otros países de Europa. Como él habla _____ español e _____ inglés, no habrá problemas hasta llegar a _____ Alemania. _____ alemán es un idioma difícil de entender. El tiene un libro de _____ francés que lo ayudará en Francia. A _____ don Francisco le gustan mucho _____ viajes largos, y _____ feliz señor pasará todos _____ días visitando _____ sitios de interés. Llevará su cámara fotográfica y _____ señora llevará _____ suya. Se pondrán _____ zapatos más cómodos que tienen, y lo pasarán divinamente.

II. El artículo indefinido

Llene Ud. el espacio con el artículo indefinido apropiado si es necesario.

Mi hermano es _____ médico, y ¡qué _____ médico más bueno! Vive en Los Ángeles, pero de vez en cuando viene a visitarme. _____ vez, yo decidí prepararle _____ cena muy especial. Fui a _____ mercado y compré _____ docena de huevos, _____ docena de naranjas y _____ cien gramos de queso. También compré _____ jamón enorme. Compré _____ botella de gaseosa para mí, y _____ otra para él. Todo me costó _____ mil pesetas. Volví a casa y preparé el jamón de tal _____ manera que mi hermano se lo comió todo.

III. Adverbios

A. *Forme Ud. adverbios de los adjetivos siguientes.*

MODELO   cariñoso
            cariñosamente

1. riguroso _____
2. difícil _____
3. sencillo _____
4. sensible _____
5. sutil _____
6. admirable _____
7. sincero _____
8. desafortunado _____
9. eficaz _____
10. alegre _____

B. *Forme Ud. adverbios de los adjetivos siguientes. Llene Ud. el espacio con el adverbio apropiado según el contexto.*

| cuidadoso | inteligible | deprimido | tranquilo |
| profundo | feliz | fácil | elegante |

Cómo hacer un examen

1. Escoja _____ un asiento cómodo en el aula.
2. Siéntese allí _____ sin molestar a nadie.
3. Respire _____ dos o tres veces antes de empezar el examen.
4. Siempre escriba _____ para que el profesor pueda leerlo _____.
5. Al terminar, levántese y sonría _____ porque Ud. sabe que sacará una nota muy buena.

NOMBRE _____ FECHA _____ CLASE _____

IV. *Pero, sino, sino que*

Llene Ud. el espacio con **pero, sino** o **sino que**.

1. Quiero ir al concierto _____ no tengo dinero.

2. No quiero comprar zapatos _____ guantes.

3. No nos gusta bailar _____ bailaremos una sola vez.

4. No cenan en casa _____ salen cada noche a un restaurante.

5. No juegan al tenis _____ al golf.

Y en resumen...

A. La invitación. *Hoy en día los jóvenes son menos tradicionales. Les gusta componer su propia invitación para su boda. Escriba Ud. una invitación para su boda.*

_____
_____
_____
_____
_____
_____
_____
_____
_____

> nos complace comunicarles que el próximo 9 de octubre contraeremos matrimonio. la ceremonia religiosa se celebrará en la iglesia de san nicolás a las 18 horas.
> vicente galvañ llopis y emma sopeña balordi
> valencia, septiembre 1987

B. Encuesta amorosa. *¿Cuáles son las cualidades que Ud. busca en una persona con quien quisiera salir? Póngalas en orden de preferencia y explique su importancia.*

_____ el físico _____
_____

_____ la inteligencia _____
_____

_____ el sentido de humor _____
_____

Lección 19

_____ la profesión _____

_____ el cariño que le demuestra _____

_____ la fidelidad _____

_____ la honradez _____

_____ la cantidad de dinero que tiene _____

_____ otro _____

C. El primer encuentro. *Describa Ud. la primera vez que Ud. conoció a los padres de su novio(a). ¿Dónde los conoció? ¿De qué hablaron Uds.? ¿Estaba muy nervioso(a)?*

_____
_____
_____
_____
_____
_____
_____
_____
_____

D. *Una típica boda tradicional requiere mucha organización y mucho tiempo. Describa Ud. por lo menos dos actividades que Ud. haría en cada período, empleando las palabras indicadas.*

flores   traje de novia   sala   iglesia   cura   música   convites (*guests*)

1. Tres meses antes (o más): _____
_____

NOMBRE _____ FECHA _____ CLASE _____

2. Un mes antes: _____
   _____

3. La semana antes: _____
   _____

4. El día antes: _____
   _____

E. Así se dice. *¿Cuál es la escena romántica más memorable de una película que Ud. ha visto? Dé Ud. la información siguiente referente a la película y escriba el breve diálogo romántico entre los dos actores.*

El actor es _____. La actriz es _____. El nombre de la película es _____.

El diálogo:

EL: _____
_____

ELLA: _____
_____

¿El que manda?

VOCABULARIO

Llene Ud. el espacio con la forma correcta del adjetivo de la lista siguiente.

1. Mi hijo Adrián siempre saca la basura cuando se lo digo. Es muy _____.

2. Pues, mi abuelo somete a todos, incluso a mi papá. Se enfada cuando no hacemos lo que dice. Es muy _____.

3. Su mamá está gravemente enferma pero sigue trabajando para criar a sus hijos. Es muy _____.

4. Mi Papá nunca acepta ideas nuevas, sobre todo cuando discutimos la política. Es muy _____.

5. Normalmente, no salgo los jueves, pero es probable que mamá me deje ir en este caso; es bastante _____.

6. Nunca sabes lo que va a hacer mi cuñada; es muy _____.

7. Sus hermanas tienen casi cuarenta años pero todavía evitan contradecir a los padres. Son demasiado _____.

8. Mi primo siempre intenta comprobar que él es superior a su novia, su hermana—en fin, todas las mujeres. Es muy _____.

a. caprichoso
b. dominante
c. embarazada
d. flexible
e. rígido
f. obediente
g. despeinado
h. machista
i. valiente
j. sumiso

I. El participio pasado usado como adjetivo

Siga Ud. el modelo.

MODELO tejer / suéter
Alguien tejió este suéter. Es un suéter tejido.

1. bordar / blusa

2. envolver / paquete

3. hacer a mano / mantel

4. escribir / contrato

5. planchar / sábanas

6. pasar por agua / huevos

7. pintar / retrato

8. componer / música

9. resolver / problemas

10. romper / radio

11. vender / casa

12. firmar / cheques

II. El participio pasado y el gerundio

Traducciones.

1. John is very good-looking. If I were daring, I'd invite him to dinner.

NOMBRE _____ FECHA _____ CLASE _____

2. But, Sarita, character is more important than looks. John is the most macho, domineering and rigid person that I know. _____

3. I want to tell you an amusing story. The other day, I was seated on the ground, changing the tire on my car. My hands were very very dirty, my hair uncombed. _____

4. Just as I was finishing, John came out of his house.

5. Why didn't you ask me for help? Women should avoid such tasks. You should stick with doing housework! _____

6. I know he doesn't believe in Women's Lib, Elena, but he is still handsomer and more romantic than Mario!

III. Comparativos y superlativos

*A. Escriba Ud. dos frases comparativas para los pares de palabras siguientes. Use **más, menos** o **tan, tanto**.*

1. Volkswagen / Mercedes

2. gato / perro

3. Nueva York / Chicago

Lección 20   *Copyright © 1992 Holt, Rinehart and Winston, Inc. All rights reserved*

4. fresas / manzanas

5. colegio / universidad

B. *Raquel no está de acuerdo con Manuel y lo corrige siempre. Siga el modelo.*

MODELO Los EE.UU. es más grande que el Brasil.
No señor. El Brasil es tan grande como los EE.UU.

1. Este árbol es más viejo que aquél.

2. España produce más vino que Portugal.

3. Madrid es más moderna que Bogotá.

4. Un caballo es más inteligente que un burro.

5. Hay más programas buenos en el canal tres que en el canal dos.

C. *Forme Ud. el superlativo de los adjetivos siguientes.*

1. fácil _____ 6. romántica _____
2. feliz _____ 7. largo _____
3. ricos _____ 8. inteligente _____
4. pobres _____ 9. perezoso _____
5. amable _____ 10. difíciles _____

D. *Conteste Ud. las preguntas.*

1. Armando es piloto y Beatriz es aeromoza. ¿Quién gana más dinero?

NOMBRE _____ FECHA _____ CLASE _____

2. Ronaldo ganó una medalla de oro en los Olímpicos y Silvia ganó una de plata. ¿Quién es mejor atleta?
   _____
   _____

3. Yo tengo treinta años y mi esposo tiene veinte y nueve. ¿Quién es mayor? ¿Quién es menor?
   _____

4. Mis compañeros estudian día y noche y yo estudio tres veces por semana. ¿Quién es mejor estudiante?
   _____
   _____

5. Sara tiene dos mil dólares en el banco y Juan tiene mil quinientos. ¿Quién tiene más dinero? ¿Quién tiene menos? _____
   _____

E. *Haga Ud. comparaciones, según el modelo.*

MODELO   Mario es grande. Martín / Manuel
   Martín es más grande que Mario. Manuel es el más grande (de todos).

1. Chile es grande. Argentina / Brasil
   _____

2. La tía es una cocinera mala. Mamá / la abuela
   _____

3. Luisa es una atleta buena. Carlos / Paulina
   _____

4. El Volvo es un coche bueno. El BMW / El Mercedes
   _____

Y en resumen...

A. *Los vecinos siempre comparan todo. Llene Ud. el espacio con la(s) palabra(s) apropiada(s).*

1. Las manzanas cuestan diez centavos. Las naranjas cuestan diez centavos. Las manzanas son

   _____ caras _____ las naranjas. ¡Pero yo pagué 12 centavos por

   las naranjas! Pagué _____ lo normal.

Lección 20

2. María tiene cinco años. Rosita tiene seis años. Ana tiene nueve años. Rosita es _____

   que María pero _____ que Ana. Ana es _____ de la calle.

3. Tomas: B+ Juan: A- Pedro: A

   Tomas es un buen estudiante, pero Juan es un _____ estudiante y Pedro es

   _____ de la clase.

4. El Profesor Díaz es sumamente guapo. El es _____.

B. Así se dice. Cite Ud. una situación en la cual Ud. emplearía las siguientes expresiones en una carta.

1. Querido Jorge _____

   _____

2. En contestación me permito manifestarle _____

   _____

3. Saludos a la familia _____

   _____

4. A quién corresponda _____

   _____

5. Tengo el gusto de comunicarle _____

   _____

NOMBRE _____ FECHA _____ CLASE _____

LECCIÓN 21

La muyer hispana: ¿En camino o en cadenas?

VOCABULARIO

Escoja Ud. la actitud o acción que describe las siguientes frases.

MODELO Ahora siempre voy a estar preparado para los exámenes. Voy a ser el mejor estudiante de la clase.

    a. la deshonre   b. <u>la determinación</u>   c. el remordimiento

TOMÁS: Diego, ¿qué hago? No estoy preparado para el examen, pero no me gusta la idea de copiar (*cheat*).

    a. la determinación   b. la indecisión   c. la independencia

DIEGO: Idiota. Vas a fracasar el examen si no copias. Carmen es muy lista. Pídele las respuestas a ella. Y si no coopera, dile que vas a revelarle su secreto a todo el mundo.

    a. el soborno   b. el remordimiento   c. la independencia

CARMEN: Di lo que quieras, Tomás. No es honesto. ¡Me niego a copiar!

    a. la indecisión   b. la indiscreción   c. la independencia

LOS PADRES DE TOMÁS: ¿El profesor te dio una F en el examen por copiar? ¿Por qué lo hiciste, hijo? ¡Qué verguenza! Tu papá y yo estamos muy decepcionados (*disappointed*). ¿Qué dirán los vecinos de nosotros?

    a. el soborno   b. la determinación   c. la deshonra

TOMÁS: Ay, qué estupidez. Ahora tengo una F y los padres están furiosos, también. ¡Ojalá no lo hubiera hecho!

    a. la voluntad   b. el remordimiento   c. la indiscreción

DIEGO: Oye Marcos, ¿sabías que Tomás copió en el examen y sacó una F? Pero, no le digas nada a Tomás. El no quiere que nadie lo sepa.

    a. la indiscreción   b. la independencia   c. la indecisión

I. Los diminutivos y los aumentativos

A. *Dé Ud. la forma diminutiva de las palabras siguientes.*

1. la mesa _____ 6. Carmen _____
2. la madre _____ 7. chico _____
3. el lago _____ 8. joven _____
4. Paco _____ 9. viejo _____
5. Ana _____ 10. el café _____

B. *Dé Ud. la forma aumentativa de las palabras siguientes.*

1. la mano _____ 6. grande _____
2. el hombre _____ 7. guapo _____
3. la palabra _____ 8. rico _____
4. la silla _____ 9. feo _____
5. la casa _____ 10. la mujer _____

II. Repaso del subjuntivo

A. *Forme Ud. el mandato afirmativo y negativo de los verbos siguientes.*

Tú	**Afirmativo**	**Negativo**
decírmelo		
abrazarme		
recogerlos		
irse		
salir		
Nosotros		
pedirlos		
oírlos		
mejorarlo		
delegarlas		
respetarla		

NOMBRE _____ FECHA _____ CLASE _____

B. *Las mujeres que participaron en un seminario sobre la auto-afirmación escucharon los siguientes consejos. Cambie Ud. la frase a un mandato, según el modelo.*

MODELO   Ud. debe confiar en sus propias opiniones.
Confíe Ud. en sus propias opiniones.

1. Ud. debe buscar una carrera que prometa ascenso.

2. Tú debes tomar tus propias decisiones sobre tu futuro.

3. Nosotras debemos luchar contra cualquier obstáculo.

4. Tú debes darte cuenta de que no todas las empresas discriminan contra la mujer.

5. Uds. no deben aceptar menos pago que los hombres por el mismo trabajo.

6. Ud. debe investigar todas las alternativas profesionales.

7. Tú debes saber que las mujeres tienen la misma capacidad intelectual que los hombres.

8. Finalmente, Uds. deben vestirse bien y comunicarse dinámicamente.

C. *Escriba la forma correcta del verbo en el tiempo apropiado.*

1. Dígales que (buscar) _____ un taxi en aquella calle.
2. Es importante que Uds. (saber) _____ contestar las preguntas.
3. Juan había dudado que José (perder) _____ las entradas.
4. Yo insisto en que tú (irse) _____ en seguida.
5. Me sorprenderá de que no (haber) _____ chocolate en Suiza.
6. Le mandó al hijo que (ponerse) _____ la chaqueta.
7. Todos esperamos que el examen no (ser) _____ difícil.
8. Era interesante (escuchar) _____ al licenciado.
9. ¿Está Ud. contento de que no (haber) _____ clases mañana?

10. Quizás ellos (traer) _____ el perro.

D. *Termine Ud. las frases con una forma de la primera frase de cada grupo.*

1. desempeñar ese papel

   a. Tienen que _____

   b. Me gustaría _____

   c. No es cierto que ella _____

2. escribir muchas poesías

   a. Pienso que los estudiantes _____

   b. Es inútil que tú _____

   c. Mi amiga me pidió que yo le _____

3. levantarse a las seis

   a. Sería mejor que los niños no _____

   b. Roberto sugirió que su mujer _____

   c. Ud. prefiere no _____

4. tener vacaciones largas

   a. Esperamos que Uds. _____

   b. Yo quiero _____

   c. No es verdad que nosotros _____

NOMBRE _____ FECHA _____ CLASE _____

5. almorzar temprano

    a. Es mejor _____

    b. El médico aconseja que sus pacientes _____

    c. Es necesario que tú _____

6. provocar el león

    a. Es mejor que tú no _____

    b. Temo que los niños _____

    c. No pienso _____

E. *Escriba la forma correcta del verbo en el tiempo apropiado.*

1. No dudamos que ellos (saber) _____ la respuesta.

2. Ella hizo que el muchacho (poner) _____ la mesa.

3. Aconséjala que (buscar) _____ un nuevo apartamento.

4. El maestro prohibe que los alumnos (hablar) _____ inglés en clase.

5. Rogábamos que el profesor no nos (dar) _____ un examen.

6. Estaré contenta de que (salir) _____ el sol.

7. Es necesario (ahorrar) _____ mucho dinero para (poder) _____ comprar un Mercedes.

8. Linus tiene miedo de (estar) _____ sin su manta azul.

9. Esperamos (volver) _____ a Valencia en mayo.

10. Me escribió que yo (ir) _____ a visitarla lo más pronto posible.

Y en resumen...

A. Según los médicos... *Aquí habla un famoso obstétrico, el Doctor Alan Altman, sobre algunos cambios entre sus pacientes en los últimos años. Llene Ud. el espacio con la forma apropiada del verbo.*

Lección 21

Actualmente, es evidente que (haber) _____ un cambio en la edad mediana de tener hijos. Hace 20 años, por lo general, no era importante que la mujer (tener) _____ una carrera antes de (casarse) _____ o de (tener) _____ hijos. Ahora es más común que la mujer (trabajar) _____ primero. Por eso las mujeres tienen hijos a una edad mayor. Desafortunadamente, es posible que (surgir) _____ problemas para la mujer que (querer) _____ empezar una familia más tarde en su vida. Por ejemplo, es peligroso que una mujer (estar) _____ embarazada por primera vez si (tener) _____ más de 40 años. Puede (haber) _____ problemas de alta presión, un parto premaduro o problemas genéticos. Sin embargo, el análisis de amniosíntesis ayuda mucho a asegurar que la pareja (tener) _____ bebés saludables.

B. *Aquí ofrezco algunas de mis observaciones sobre el embarazo en general.*

1. Muchos matrimonios prefieren (compartir) _____ totalmente esta experiencia.

2. Es bueno que el padre (querer) _____ participar activamente en todos los aspectos del embarazo.

3. Es una gran ayuda para la mujer que el esposo (estar) _____ con ella dándole apoyo.

4. Es verdad también que hoy día el esposo (acompañar) _____ a la mujer a sus visitas médicas para (escuchar) _____ el latido del bebé y para (aprender) _____ bien todo el proceso.

5. Es común que la mujer (volver) _____ a trabajar entre dos y cuatro meses después de dar a luz, pero al (volver) _____, muchas mujeres se sienten como si ellas (abandonar) _____ al bebé.

6. Entre mis pacientes, más mujeres hispanas (preferir) _____ (quedarse) _____ en casa que (volver) _____ a su trabajo después de dar a luz. Parece que por la mayor parte, las mujeres hispanas se han criado en un ambiente donde (haber) _____ puesto más énfasis en el papel femenino de madre / esposa.

C. Cartas a Flor del Sur. *Lea Ud. la siguiente carta de pobre «Soledad». ¿Qué le contestará Flor del Sur?*

Cartas a FLOR del SUR

Estimada Flor del Sur:

De la manera más dolorosa y sorpresiva me acabo de enterar que mi marido me ha estado engañando por mucho tiempo con otra mujer. Al comienzo no quise o no pude dar crédito a comentarios maliciosos en ese sentido, pero con el transcurrir de los días llegué a la conclusión de que esa terrible novedad era cierta.

Mi vida matrimonial ha sido hasta ahora muy feliz. Tenemos dos hijos casi adolescentes que son motivo de orgullo para los dos. Nos casamos hace 17 años muy enamorados y felices. Nunca antes había sucedido esto, y aún ahora ante la evidencia de la situación, me niego a creer que sea cierto. La conducta de mi esposo para con sus hijos y conmigo no ha variado en nada. Es el padre cariñoso y responsable de siempre; en cuanto a mí, yo diría que sus sentimientos no han variado, pues jamás me ha dado motivo para dudar de él. Sin embargo, estoy segura que el engaño ha existido desde hace mucho tiempo.

¿Cuál debe ser mi actitud? ¿Cómo debo actuar para hacerle entender el inmenso dolor que su engaño me ha producido? ¿Qué determinación final debo tomar? Por favor amiga Flor del Sur hágame llegar sus consejos.

Soledad

Querida Soledad,

_____

_____

_____

_____

_____

_____

D. *Llene Ud. el espacio con la forma apropiada del artículo definido (**el, la, los, las**), si es necesario, o del verbo indicado.*

Queridísimo Adrián,

_____ amor a larga distancia es tan difícil. Cuánto te echo de menos, cielito. Ojalá

nosotros (poder) _____ encontrar dos trabajos en el mismo lugar. No (enojarse)

_____, querido, pero no será posible que yo (volver) _____ a casa para

_____ vacaciones de Navidad. Quizás nosotros (verse) _____ en

_____ febrero. ¿Qué te parece?

¿Qué tal _____ vida en _____ Canadá? Aquí en Francia llueve

mucho pero nieva poco. _____ gente es bastante simpática, pero me cansa mucho hablar _____ francés todo el día. La comida es magnífica, y (engordar) _____ unos cuantos kilos. ¿Y qué tal tu trabajo? Sé que _____ artistas a veces sufren mucho por su arte. Pero, Adriancito, tú eres tan capacitado. Estoy segura de que un día tú (tener) _____ un éxito tremendo.

    Por mi parte, el trabajo va bien. _____ negocios me (interesar) _____ más que nunca. No hay duda que la experiencia de este año me (ayudar) _____ en el futuro. Si yo no (haber) _____ conseguido este trabajo, nunca (haber) _____ tenido la posibilidad de un ascenso _____ año que viene. También, me agrada mucho tener un novio que (comprender) _____ mis ambiciones. Tú sabes muy bien que yo nunca (poder) _____ estar contenta sin explorar todas las posibilidades profesionales. Sabes que _____ independencia y _____ trabajo son muy importantes para mí. Pero esto no (cambiar) _____ nada entre nosotros. Adrián, al principio yo no quería que nosotros (comprometerse) _____ antes de separarnos. Era importante que tú (seguir) _____ tu carrera y yo la mía. Pero, ahora creo que yo (cambiar) _____ de idea. Ya sé que tú eres el único hombre para mí y quiero que nosotros (compartir) _____ todo. Para una mujer moderna, soy muy romántica, ¿verdad?

    Te quiero mucho. Te dejo ahora con besos enormes de tu...

Montserrat

LECCIÓN 22

Como de costumbre

VOCABULARIO

Escoja Ud. las palabras de la columna II que mejor terminan las frases de la columna I.

I	II
1. cantar _____	a. la oración.
2. sentarse en _____	b. la Biblia
3. decir _____	c. la bendición
4. predicar _____	d. la iglesia
5. salir después de _____	e. el sermón
6. arrodillarse ante _____	f. el banco
7. asistir a _____	g. el himno
8. leer _____	h. el altar

I. La voz pasiva

A. *La señora García acaba de volver de misa y habla con su hija. Cambie Ud. la frase de la voz activa a la voz pasiva.*

MODELO   El próximo domingo los curas van a dedicar la capilla nueva.
   El próximo domingo la capilla nueva va a ser dedicada por los curas.

1. La congregación compró los bancos nuevos.

   _____

2. Las monjas habían traído las flores para el altar.

   _____

3. El sacerdote celebró la misa.

   _____

4. El esposo de Beatriz siempre dice una oración especial para los muertos.

   _____

5. El asistente dio la bendición.

   _____

B. *Los Pérez acaban de volver de un servicio en la Iglesia Bautista. Cambie Ud. la frase de la voz pasiva a la voz activa.*

MODELO   Durante el servicio el salmo XXIII fue leído por Óscar Bendaña.
   Durante el servicio Óscar Bendaña leyó el salmo XXIII.

1. El vestíbulo ha sido pintado por los jóvenes.

   _____

2. Las nuevas Biblias serán seleccionadas por el comité el próximo lunes.

   _____

3. Antes del servicio los programas son distribuidos por Arturo Blanco.

   _____

4. Algunos himnos nuevos fueron cantados por el coro.

   _____

5. El domingo que viene el sermón será predicado por el ministro de Honduras.

   _____

C. *Todos ayudaron con los preparativos de la boda de Manuel y Carolina. Forme Ud. frases en la voz pasiva empleando un verbo apropiado de la lista.*

MODELO   la tarta / la abuela de Manuel
   La tarta fue preparada por la abuela de Manuel.

tocar	servir	decorar	planear	firmar
hacer	pagar	comprar		

1. la iglesia / los amigos de los novios

   _____

2. el certificado / los testigos

   _____

3. el champaña / los compañeros de trabajo de Manuel

   _____

4. la cena / la tía de Carolina

   _____

NOMBRE _____ **FECHA** _____ **CLASE** _____

5. el brindis / los padrinos

   _____

6. la música / el conjunto caribeño

   _____

7. la luna de miel / Manuel y Carolina

   _____

8. los gastos / los padres de Carolina

   _____

II. *Hacerse, ponerse, volverse, llegar a ser*

A. *Termine Ud. la frase empleando una forma apropiada de uno de los verbos para expresar* to become.

MODELO   Ronald Reagan era actor, pero...
   Ronald Reagan era actor, pero después de muchos años llegó a ser presidente.

1. Martín estaba triste, pero _____

   _____

2. Mi tío era muy pobre, pero _____

   _____

3. Ella era profesora de español, pero _____

   _____

4. Éramos muy tímidos, pero _____

   _____

5. Él era un cantante desconocido, pero _____

   _____

B. *Termine Ud. las frases siguientes de una formal original*

1. Silvia se puso _____

2. Por fin Javier llegó a ser _____

3. Se hizo _____

4. ¿Por qué te pusiste _____

5. De repente, se volvieron _____

Lección 22

Y en resumen...

A. Traducciones

1. Our synagogue was built in March of 1952.

2. The rabbi was chosen in May of that year.

3. We have the same rabbi today. He's very respected by the congregation.

4. He became president of an international Jewish organization.

5. We all got nervous when we heard that he was in the hospital. He and his family are loved by all.

B. Así se dice. *Invente Ud. tres refranes originales; uno sobre el amor, uno sobre la felicidad y uno sobre el dinero.*

1. _____
2. _____
3. _____

NOMBRE _____ FECHA _____ CLASE _____

LECCIÓN 23

El alma hispana

VOCABULARIO

En México el dos de noviembre es el Día de los Muertos y es una ocasión de mucha celebración. Llene Ud. el espacio con la palabra apropiada de la lista.

oraciones	reflejan	rezan	cementerio	muertos	almas
recuerdan	muerte	transitoria	espíritus	velas	regresan
mostrar	esqueletos	tumbas	visitar	bebidas	

En el Día de los Muertos los mexicanos _____ a sus queridos _____.

Van a misa y luego al _____ donde _____, lloran y decoran las

_____ con flores. En las tiendas se ve objetos relacionados con la _____,

y las panaderías venden panes y dulces en la forma de _____ y calaveras (*skulls*).

Los indios del pueblo colonial de Pátzcuaro creen que las _____ de los muertos

_____ cada año para _____ a los vivos. En el cementerio la gente

enciende _____ para iluminar el camino a la tumba para los _____.

Dicen _____ especiales y preparan las comidas y _____ favoritas de

los muertos para _____ su devoción.

Estas costumbres, que son extrañas para muchas personas, _____ la actitud que

tienen muchos mexicanos hacia la muerte. La vida es _____; la muerte es obligatoria. Hay

que aceptarla y celebrarla.

I. El infinitivo

A. *Cuando su abuelo murió, Rosamelia fue a México para asistir al funeral. Cambie Ud. la frase para poder usar el infinitivo.*

MODELO   Es necesario que yo consuele a mi mamá.
   Me es necesario consolar a mi mamá.

1. Era preciso que yo asistiera al funeral de mi abuelo.

   _____

Copyright © 1992 Holt, Rinehart and Winston, Inc. All rights reserved   155

2. Mi jefe siempre deja que faltemos al trabajo en esas ocasiones.

3. Mamá mandó que mi hermano comprara un traje nuevo para el funeral.

4. Los padres no permitieron que los niños pequeños fueran al cementerio.

5. Después del servicio ellos hicieron que los niños salieran con la tía Ángela.

6. Mis tíos habían pedido que nosotros volviéramos a su casa después del entierro.

7. En esa cultura es común que la viuda se vista de luto.

8. Yo aconsejo que Mamá pase una semana en México con mi abuela.

B. Traducciones

1. After graduating, my brothers and I took a trip to México to visit my relatives.

2. My friends in Boston asked me to bring them silver jewelry from Taxco.

3. I had a blouse made in Morelia.

4. We saw the national team play soccer in Guadalajara.

5. My uncle invited us to go camping in a beautiful park near the capital.

6. My brother and I don't like seafood, but in Acapulco our cousins made us try shrimp.

NOMBRE _____ FECHA _____ CLASE _____

II. El gerundio

En un autobús, el pasajero que está sentado al lado de Sandra habla constantemente y sólo dice cosas negativas. Llene Ud. el espacio con el infinitivo o el gerundio.

1. El defecto más grave de mi esposo es (comer) _____ demasiado.

2. He pasado el día entero (pensar) _____ en mis problemas.

3. (Comer) _____ chocolate es malo para la salud.

4. Yo le mandé (callarse) _____ pero ese niño sigue (hablar) _____.

5. (Vivir) _____ en esa ciudad es muy caro.

6. Acabo de leer un artículo interesante. Un ladrón se fue (correr) _____ después de (robar) _____ a una mujer pobre.

7. Hay otro artículo que dice que el crimen en nuestra ciudad continúa (aumentar) _____.

8. El conductor no ha dejado de (cantar) _____ durante todo el viaje.

III. La construcción recíproca

A. *Ceci le hace muchas preguntas a su amiga Marta acerca de su novio nuevo. Conteste Ud. las siguientes preguntas.*

1. Tú y José, ¿se quieren mucho?

   _____

2. Tus padres y los de José, ¿se conocen muy bien?

   _____

3. Si tú te casas con él, ¿nos echan de menos Uds.?

   _____

4. Cuando José se va de viaje, ¿se echan de menos Uds.?

   _____

5. Y si él se va por mucho tiempo, ¿cuántas veces por semana se escriben Uds.?

   _____

B. Traducciones

1. We have a lot of relatives in Mexico and we visit each other every year.

   _____

   _____

Lección 23

2. When my mother and my grandparents see each other at the airport they kiss and hug each other and Mom always cries.

3. All the cousins know each other very well because they call and write each other often.

4. Although my mother and her parents miss each other very much, my grandparents would never leave Mexico.

Y en resumen...

A. La Capilla de Granada. *En esta Capilla están los restos de los famosos Reyes de España, Fernando e Isabel.*

1. ¿Qué más se puede ver en la Capilla?

2. ¿Le gustaría a Ud. visitar esta Capilla? ¿Por qué?

3. ¿Dónde están enterradas otras personas famosas de la historia?

NOMBRE _____ FECHA _____ CLASE _____

4. ¿Por qué cree Ud. que a la gente le gusta visitar estas tumbas?

   _____
   _____
   _____

B. Así se dice. *¿Qué diría Ud. en las situaciones siguientes?*

1. Se entera de un secuestro de un avión 747. Un amigo suyo está a bordo.

   _____

2. Su amiga saca la mejor nota de la clase de español.

   _____

3. Muere el abuelo de su vecino.

   _____

4. Su hermano(a) cumple 15 años.

   _____

5. En una cena elegante le piden que Ud. haga un brindis.

   _____

NOMBRE _____ FECHA _____ CLASE _____

LECCIÓN 24

¡Celebremos!

VOCABULARIO

A. *Escoja Ud. las palabras de la columna II que mejor terminan las expresiones de la columna I.*

I	II
1. Próspero _____	a. Nicolás
2. pasado _____	b. aquel entonces
3. dentro de _____	c. patrón
4. Felices _____	d. Vieja
5. en _____	e. Año Nuevo
6. Reyes _____	f. Navidad
7. Noche _____	g. poco
8. San _____	h. Pascuas
9. tarjeta de _____	i. mañana
10. santo _____	j. Magos

B. *Ahora, escoja Ud. el adjetivo de la columna II que mejor corresponde a las palabras de la columna I.*

I	II
1. aguafiestas _____	a. deliciosa
2. Cuaresma _____	b. brillante
3. turrón _____	c. frío
4. villancico _____	d. solemne
5. Polo Norte _____	e. melódico
6. árbol de Navidad _____	f. pesado
7. champaña _____	g. dulce

I. El subjuntivo

A. *La familia Núñez celebra la Nochebuena con una elegante cena familiar. Cambie Ud. las frases al pasado.*

MODELO   La abuela no quiere que nadie le dé un regalo.
La abuela no quería que nadie le diera un regalo.

1. La comida estará lista para cuando vengan los invitados.

2. Tan pronto como lleguen todos papá servirá el champaña.

3. El abuelito me dice que haga el brindis.

4. Es una lástima que mi primo Juan no pueda venir.

5. Alguien dice que él se va a París con su novia sin que lo sepan sus padres.

6. Pero sus nietos siempre le buscan algo que sea muy especial.

7. Mamá pide que los niños canten villancicos.

8. No hay ningún niño que no le guste el turrón.

9. Cuando la campana de la iglesia toque las doce nosotros nos vamos a misa.

10. La señora Núñez se alegra de que todos lo pasen bien en la cena.

B. *Mientras compran en las tiendas elegantes de Madrid, Ada y Sara hablan de sus planes para celebrar la Noche Vieja. Llene Ud. el espacio con la forma apropiada del verbo.*

ADA: Quiero comprar un vestido que (ser) _____ bastante elegante para ir a la fiesta

de fin de año en el Hotel Castellano.

NOMBRE _____ FECHA _____ CLASE _____

SARA: Conozco una boutique en la calle Serrano que (vender) _____ vestidos preciosos.

ADA: También buscaré una bolsa que (hacer) _____ juego con el vestido.

SARA: Ada, allá en esa zapatería veo unos zapatos que me (gustar) _____.

ADA: Vamos. Ojalá que los (tener) _____ en tu número.

SARA: A propósito, no he podido encontrar a nadie que (querer) _____ conducir su coche al hotel.

ADA: ¿No te dije que (llamar) _____ a Ramón? ¿Hablaste con él?

SARA: Sí, pero dice que no quiere salir. Preferiría que todos (ir) _____ a su casa para celebrar el fin de año.

C. *Llene Ud. el espacio con la forma apropiada del verbo.*

1. Si (llover) _____ mañana, iremos al cine.
2. Si (llover) _____ ayer, habríamos ido al cine.
3. Si esto (ser) _____ posible, yo lo haría con gusto.
4. Si tú (portarse) _____ bien, te compraré un juguete.
5. Si Juan nos (llamar) _____, saldríamos con él.
6. El anda como si (estar) _____ borracho.
7. Si José (limpiar) _____ su dormitorio, su mamá no se enojará.
8. Si José (limpiar) _____ su dormitorio, su mamá no se enojaría.
9. Si José (limpiar) _____ su dormitorio, su mamá no se habría enojado.
10. Ella habla como si (estar) _____ muy enojada. ¿Es que José no limpió su dormitorio?

II. Verbos que expresan obligación

Traducciones

1. Must one make reservations early for New Year's Eve at the hotel?

_____

_____

2. Yes, you're supposed to call by December 15.

3. Mother says that we have to invite the Peñas but I don't know them.

4. Tell Sara to call them. She must know them well because she went to school with Amalia Peña.

5. You really should call Roberto, too. He's had so many wonderful parties.

Y en resumen...

Compras navideñas. *Cómo planear sus compras de Navidad con inteligencia. Llene Ud. el espacio con la forma del verbo apropiado.*

1. (Salir) _____ Ud. de compras cuando las tiendas (estar) _____ menos congestionadas. (Olvidarse) _____ Ud. de los sábados, la hora del almuerzo y las noches.

2. (Dedicarle) _____ Ud. uno de sus días libres a hacer sus compras navideñas. (Llegar) _____ temprano a las tiendas. Cuando (comenzar) _____ a llenarse a la hora del almuerzo, (llevarse) _____ sus paquetes a casa. (Regresar) _____ Ud. a terminar sus compras en las horas más tranquilas de la tarde.

3. (Ir) _____ Ud. de compras con un(a) amigo(a) cuyas necesidades (ser) _____ similares.

4. (Comprar) _____ todos sus regalos en un departamento determinado. Por ejemplo, este año Ud. (ir) _____ a regalar discos.

5. (Organizar) _____ Ud. de antemano su lista de regalos.

6. (Recortar) _____ Ud. anuncios de catálogos y periódicos para (obtener) _____ ideas, y (pegarlos) _____ a su lista.

Manual del laboratorio

NOMBRE _____ FECHA _____ CLASE _____

LECCIÓN 1

El primer día de clases

I. Los pronombres personales

*Listen to the following sentences and mark the subject of the verb you hear with an **X**. Each sentence will be repeated.*

MODELO   You hear: Trabajo en la universidad.
You mark an **X** under **yo** for the subject.

	YO	TU	ELLA	NOSOTROS	VOSOTROS	ELLOS
MODELO	X					
1.						
2.						
3.						
4.						
5.						
6.						
7.						
8.						
9.						
10.						

II. El presente de indicativo

***A.** Repeat the following sentences, changing the verb according to the cue you hear at the end of each sentence. Then repeat the correct response after the speaker.*

MODELO   Estoy en la Argentina de vacaciones. (Él)
Él está en la Argentina de vacaciones.

***B.** Listen to the following sentences and change them from the plural to the singular. Then repeat the correct response after the speaker.*

MODELO   Nunca llegamos tarde a clase.
Nunca llego tarde a clase.

Copyright © 1992 Holt, Rinehart and Winston, Inc. All rights reserved

C. Answer the following questions in the negative and supply an alternate answer, as in the model. Then repeat the correct answer after the speaker.

MODELO   ¿Sigues derecho? (José)
                No, no sigo derecho. José sigue derecho.

III. *Acabar de*

Listen to the following questions and then answer them in the negative, using the expression *acabar de*. Repeat the correct response after the speaker.

MODELO   ¿Vas a hablar con la secretaria?
                No, acabo de hablar con la secretaria.

EJERCICIO DE COMPRENSIÓN

Listen to the following dialogue between Hugo and Carmen, two friends who meet each other in the Law School office at the University of Bogotá. The dialogue will be read twice followed by five true/false statements. Circle **Cierto** or **Falso**, according to what you heard.

1. Cierto   Falso   4. Cierto   Falso

2. Cierto   Falso   5. Cierto   Falso

3. Cierto   Falso

EJERCICIO DE COMPRENSIÓN: CAMARA 1*

You have been asked to comment on a documentary from Spanish television on the university system in Spain, but you find that your notes are incomplete. Listen to the documentary two more times and fill in the remaining blanks.

The following vocabulary will help you to better understand the documentary.

cada vez más	*more and more*	instalaciones deportivas	*sports complexes*
colegios mayores		mayoría	*majority*
distrito	*district*	repartidas	*spread out*
duración	*duration*	zonas verdes	*parks*

1. partes del distrito universitario: colegios mayores, zonas verdes, _____,

   _____.

2. carreras más elegidas: económicas empresariales, _____ ciencias,

   _____, _____.

3. tipos de universidades españolas: _____, _____.

---

*The corresponding video segment may be found on the *Cámara 1* Videocassette 1, Episodio 1, Escena 1.

| NOMBRE | FECHA | CLASE |

4. número total de universidades españolas: _____.

5. carreras nuevas: ciencias de la _____, _____.

6. ciudades donde se concentran las universidades: _____, _____.

PRONUNCIACIÓN

*The following words contain the diphthong **ai**. Repeat each word after the speaker.*

h*ay*   j*ai* al*ai*
b*ai*le   p*ai*saje
r*ay*o   s*ay*o
c*ai*go

Now repeat these words, which contain the diphthong **ia**.

hac*ia*   conferenc*ia*
Arab*ia*   lluv*ia*
academ*ia*   ofic*ia*l
entus*ia*smo   agenc*ia*
adolescenc*ia*   mate*ia*

ENTONACIÓN

Repeat the following sentences, being careful to say them exactly the way the speaker does.

Aprende español.   Trabaja hasta las cinco.
No quiere estudiar.   ¿Dónde estudian?
¿Dónde estás?   Está hablando por teléfono.
Habla ahora.   ¡Hola Alberto!
Quiero oír más.

NOMBRE _____ FECHA _____ CLASE _____

LECCIÓN 2

Son muchos los requisitos

I. El tiempo progresivo del presente

Listen to the following sentences. Repeat each one, changing the verb to the present progressive.

MODELO   Beatriz estudia Económicas.
            Beatriz está estudiando Económicas.

II. *Ser* y *estar*

*Listen to the following questions. Answer each in the affirmative, using the correct form of **ser** or **estar**.*

MODELO   ¿los libros? ¿en el estante?
            Sí, los libros están en el estante.

III. *Hacer* in time expressions

Your parents are concerned about your final grades for the semester. Reassure them by answering the questions you hear, using the following time cues.

1. un año
2. cinco días
3. dos meses
4. sólo un día
5. una semana
6. un semestre entero

EJERCICIO DE COMPRENSIÓN

*Listen to the following report about unemployment in Spain. The speaker will read the report twice followed by five statements. Circle **Cierto** or **Falso** according to what you heard.*

The following vocabulary will help you to better understand the report.

cartero	*mailman*	hay que	*one must*
en el extranjero	*abroad*	juventud	*youth*
esperanza	*hope*	preocupado	*worried*
gobierno	*government*	puestos de trabajo	*jobs*

1. Cierto   Falso
2. Cierto   Falso
3. Cierto   Falso
4. Cierto   Falso
5. Cierto   Falso

PRONUNCIACIÓN

*The following words contain the diphthong **au**. Repeat each word after the speaker.*

jaula
causa
pausa
fraude

sauna
ausente
restaurante
gaucho

Now repeat these words, which contain the diphthong **ua**.

agua
guardar
cuánto
graduarse

igual
cuando
lengua
uruguayo

PRÁCTICA AUDITIVA

Listen to the following words or phrases. Underline the word or words you hear.

1. charlar — charla — charlan
2. elige — eligen — eliges
3. enseñar — enseña — enseñan
4. la beca — la boca
5. la asistencia — la ausencia
6. lápiz — la pizarra — lapicero
7. obligatorio — obigatoria
8. física y química — música y química
9. Habla bien — Hablan bien — Hablaba bien
10. Estudia árabe — Estudian árabe

DICTADO

Alberto is nearing graduation from the University of Lima, Peru. Listen to the following sentences and write down what you hear. Each sentence will be read twice.

1. _____

2. _____

3. _____

4. _____

NOMBRE _____ FECHA _____ CLASE _____

5. _____
   _____

6. _____
   _____

EJERCICIO DE COMPRENSIÓN

Daniel is writing home about the university. Based on the information you hear about his new roommate, fill in the following registration card. You will hear the letter read twice.

Nombre: _____

Apellido: _____

Lugar y fecha de nacimiento: _____

Curso: _____

Facultad: _____

Asignaturas: _____

NOMBRE _____ FECHA _____ CLASE _____

LECCIÓN 3

¿Hay trabajo para mí?

I. El sustantivo

A. You will hear twenty nouns. Write the article **el** if the word is masculine and **la** if the word is feminine.

1. _____   11. _____
2. _____   12. _____
3. _____   13. _____
4. _____   14. _____
5. _____   15. _____
6. _____   16. _____
7. _____   17. _____
8. _____   18. _____
9. _____   19. _____
10. _____   20. _____

B. Listen to the same list of nouns and articles and write the plural of each.

1. _____   11. _____
2. _____   12. _____
3. _____   13. _____
4. _____   14. _____
5. _____   15. _____
6. _____   16. _____
7. _____   17. _____
8. _____   18. _____
9. _____   19. _____
10. _____   20. _____

C. *In his job interview, Paco is trying hard to impress his prospective new boss. Follow the model, using the plural form.*

MODELO   ¿Tiene Ud. título universitario?
                       ¿Uno? Tengo muchos títulos universitarios.

II. El adjetivo

Listen to the following phrases and change them according to the cue you hear. Then repeat the correct response after the speaker.

MODELO   el carro azul (la casa)
                       la casa azul (los pantalones)
                       los pantalones azules (las faldas)
                       las faldas azules

EJERCICIOS DE COMPRENSIÓN

Vocabulario útil:

A. *Listen to the following dialogue between Señor González, a pharmacist, and Ana, a young woman with a very bad cold. The dialogue will be read twice followed by five true/false statements. Circle* **Cierto** *or* **Falso** *according to what you heard.*

The following vocabulary will help you to better understand the report.

antibiótico	*antibiotic*	me llevo	*I'll take*
fuerte	*strong*	pañuelo	*handkerchief*
ligero	*light*	resfriado	*cold*
mejorarse	*to get better*	si no me mejoro	*If I don't get better*

1. Cierto   Falso

2. Cierto   Falso

3. Cierto   Falso

4. Cierto   Falso

5. Cierto   Falso

B. *These students are describing the type of work they prefer. After each description, you will hear the names of four professions. Choose the letter of the profession that would not be appropriate for each candidate.*

The following vocabulary will help you better understand the descriptions.

ágil	*agile*	montar mi propio negocio	*to start my own business*
ganarme la vida	*to earn my living*	sin embargo	*however*
lejos	*far*		

1. a. b. c. d.   4. a. b. c. d.   7. a. b. c. d.
2. a. b. c. d.   5. a. b. c. d.   8. a. b. c. d.
3. a. b. c. d.   6. a. b. c. d.   9. a. b. c. d.

NOMBRE _____ FECHA _____ CLASE _____

C. Listen to the following advice about the first few days on a new job. You will hear ten statements. Decide whether each is advisable or not advisable, based on the narration you heard. You will hear the narration twice.

The following vocabulary will help you to better understand the narration.

aclarar	*to clarify*	imagen	*image*
a tiempo	*on time*	lo importante	*the important thing*
ausentarse	*to be absent*	mentir	*to lie*
capaces	*capable*	si surgen diferencias	*if differences arise*
en seguida	*immediately*		
esconder	*to hide*		

Es recomendable **No es recomendable**

1. _____ _____
2. _____ _____
3. _____ _____
4. _____ _____
5. _____ _____
6. _____ _____
7. _____ _____
8. _____ _____
9. _____ _____

PRONUNCIACIÓN

The following words contain the diphthong **ie**. Repeat each word after the speaker.

hielo   siempre
tierra   griego
nieve   quien
tiempo   oriente
viejo   ambiente

Now repeat these words, which contain the diphthong **ei**.

peine   rey
reina   reiterar
veinte   treinta
seis   beige
ley   seismo

NOMBRE _____ FECHA _____ CLASE _____

LECCIÓN 4

Padres y parientes

I. El pretérito

A. *Listen to the following sentences. Then change the verb in each sentence to the preterite. Repeat the correct response after the speaker.*

MODELO   Mi primo se casa en junio.
               Mi primo se casó en junio.

B. *Repeat the following sentences, changing the verb according to the cue you hear at the end of each sentence. Then repeat the correct response after the speaker.*

MODELO   Yo leí el periódico. (Juan)
               Juan leyó el periódico.

C. *You are off to Cancún, México for two weeks. Your brother, with whom you share an apartment, is making sure that you have taken care of certain things before you leave. Listen to the following questions and answer them in the affirmative. Then repeat the correct response after the speaker.*

MODELO   ¿Cancelaste el periódico?
               Sí, cancelé el periódico.

II. *Hacer* para significar *ago*

*Mercedes is also leaving on a trip to Cancún, México. Listen to the following questions and answer them in the affirmative, using **hace** and the cue you hear at the end of each sentence. Then repeat the correct response after the speaker.*

MODELO   ¿Hizo Mercedes una reservación? (un mes)
               Sí, hace un mes que hizo una reservación.

DEFINICIONES

Listen to the following definitions. Then underline the word that corresponds to the definition.

1. llorar gritar
2. el compadre el bisabuelo
3. la cuñada la suegra
4. reír castigar
5. cuidar de confiar en
6. el nieto el yerno
7. los parientes los gemelos
8. el tío el primo
9. morir criar

EJERCICIOS DE COMPRENSIÓN

*A. Listen to the following commentary on the Mexican writer Juan Rulfo. The commentary will be read twice followed by eight true/false statements. Circle **Cierto** or **Falso**, according to what you heard. The following vocabulary words will help you to understand the commentary.*

tierra natal	*native land*	el orfanato	*orphanage*
trasladarse	*to move*	reconocer	*to recognize*
aislado	*isolated*		

1. Cierto Falso
2. Cierto Falso
3. Cierto Falso
4. Cierto Falso
5. Cierto Falso
6. Cierto Falso
7. Cierto Falso
8. Cierto Falso

B. Carolina is telling her friends about her family reunion. Listen to the following sentences and identify the family member that she is talking about.

1. _____
2. _____
3. _____
4. _____
5. _____

PRÁCTICA AUDITIVA

Listen to the following words and phrases. Underline the word or words that you hear.

1. pudo puro
2. deberes de veras
3. cuando cuanto
4. dólares dolores
5. Así ¿Ah, sí?
6. lees leyes
7. trabaja trabajar
8. estabilidad esta habilidad
9. infracción inflación
10. extraño extras no

NOMBRE _____ FECHA _____ CLASE _____

DICTADO

Listen to the following paragraph. Then, when you hear each sentence a second time, write it down. Check your answers as the paragraph is read a third time.

Vocabulario útil:

| media | *average* | el inmigrante | *immigrant* |
| la natalidad | *the birth rate* | se trasladaron (or trasladarse) | *moved (to move)* |

_____

_____

_____

_____

_____

Lección 4

NOMBRE _____ FECHA _____ CLASE _____

LECCIÓN 5

Mi rinconcito

I. El imperfecto

A. *Repeat the following sentences, changing the verb according to the cue you hear at the end of each sentence. Then repeat the correct response after the speaker.*

MODELO   Cuando era pequeño, tocaba el piano. (nosotros)
                Cuando éramos pequeños, tocábamos el piano.

B. *Mrs. Sánchez is describing Pilar, the woman who works in her house. She used to work for you. As Mrs. Sánchez describes how things are now, tell how things used to be, changing the verb to the imperfect tense. Repeat the correct response after the speaker.*

MODELO   Pilar trabaja muchas horas.
                Pilar trabajaba muchas horas.

II. *Hacer* y *llevar* en el tiempo imperfecto

A. *Listen to the following questions and answer them, using the cue you hear at the end of each sentence. Then repeat the correct response after the speaker.*

MODELO   ¿Cuánto tiempo hacía que dormías cuando sonó el teléfono? (5 horas)
                Hacía 5 horas que dormía cuando sonó el teléfono.

B. *Listen to the following questions and answer them, using the cue you hear at the end of each sentence. Then repeat the correct response after the speaker.*

MODELO   ¿Cuánto tiempo llevaban Uds. esperando al profesor? (15 minutos)
                Llevábamos 15 minutos esperando al profesor.

EJERCICIO DE COMPRENSIÓN: *CÁMARA 1**

*Listen to the following narration by Cuban writer Luis Santeiro. It will be read twice, followed by five true/false statements. For each statement, circle **Cierto** or **Falso** according to the information you hear.*

Vocabulario útil:

bilingüe	*bilingual*	nuclear	*nuclear (family)*
mensaje	*message*	chaperoneo	*(custom of) chaperoning*

---

*The corresponding video segment may be found on the *Cámara 1* Videocassette 2; Episodio 10, Escena 1.

1. Cierto   Falso
2. Cierto   Falso
3. Cierto   Falso
4. Cierto   Falso
5. Cierto   Falso
6. Cierto   Falso

ENTONACIÓN

Repeat the following sentences, being sure to say them the way the speaker does.

1. Pedro va hacia la escuela.
2. En el camino se encuentra con su amigo Antonio.
3. Deciden ir juntos al bar de la esquina.
4. Allí están Estrella y Olga.
5. A las ocho todos se van a sus casas.

EJERCICIO DE COMPRENSIÓN

The Pereiras have to sell their house and move to another city. Listen to them describe the house to the real estate agent. Then fill in the information on the house listing form. You will hear their description twice.

The following vocabulary will help you to better understand the description.

colina	*hill*	muros	*walls*
chimenea	*fireplace*	partir	*to leave*
dejar	*to leave (an object)*	piso	*floor; level*
jardín	*garden*	retrete	*toilet*

1. Dirección: _____
2. Vecindad: _____
3. Material(es): _____
4. Dormitorios: 1 2 3 4 5 6 _____ Baños: 1 2 3 4
5. Otras habitaciones: _____
6. ¿Garaje? _____ ¿Sótano? _____ ¿Desván? _____
7. Tipo de Calefacción: _____
8. Amueblado incluido: (cortinas, electrodomésticos (*electrical appliances*), etc.)
   _____

NOMBRE _____ FECHA _____ CLASE _____

LECCIÓN 6

Cuando yo era pequeño

I. El pretérito y el imperfecto

A. *Listen to the following sentences and mark the subject of the verb you hear with an **X**. Each sentence will be repeated.*

	YO	TU	ELLA	NOSOTROS	VOSOTROS	ELLOS
1.						
2.						
3.						
4.						
5.						
6.						

B. *Sofía is always more experienced than her friend. Listen to the following questions and answer them, using the imperfect tense and the cue you hear at the end of each sentence. Then repeat the correct response after the speaker.*

MODELO   ¿Nadaste alguna vez en el océano? (frecuentemente)
              Sí, frecuentemente nadaba en el océano.

II. La forma progresiva del pasado

Listen to the following sentence fragments. Underline the phrase that best completes each sentence. Each sentence fragment will be repeated.

1. a. a la televisión.
   b. un video.
   c. a nosotros.

2. a. a la radio.
   b. la discoteca.
   c. música.

3. a. comiendo.
   b. comer.
   c. comen.

4. a. el capítulo 2.
   b. el teléfono.
   c. la cena.

5. a. viajando por Europa?
   b. viajar por Europa?
   c. viajamos por Europa?

III. Adjetivas y pronombres posesivos

A. *The Pereiras have just moved to a new house. Mr. Pereira is unpacking boxes and distributing the contents. Repeat the following sentences, substituting a possessive pronoun for the prepositional phrase you hear at the end of each sentence. Then repeat the correct response after the speaker.*

MODELO Este libro es para mí.
Este libro es mío.

B. *Repeat the following sentences, substituting a prepositional phrase for the possessive pronoun. Then repeat the correct response after the speaker.*

MODELO Es vuestro.
Es para vosotros.

C. *Listen to the following questions and answer them, using the cue you hear at the end of each sentence. Then repeat the correct response after the speaker.*

MODELO ¿De quién es este reloj? (abuelo)
Es su reloj.

PRÁCTICA AUDITIVA

Listen to the following sentences. All of the accent marks have been omitted. Write them on the words where needed. Each sentence will be repeated.

1. Compro un elegante pantalon de color marron.

2. Lucia se llevo el automovil a su magnifica mansion.

3. Este sueter cuesta casi dieciseis dolares.

4. Queria decirtelo despues de la reunion.

5. La mayoria de los arboles se cayeron.

NOMBRE _____ FECHA _____ CLASE _____

DEFINICIONES

Listen to the following definitions. Then underline the word that corresponds to the definition.

1. lavar   barrer
2. el sillón   la silla
3. el armario   la alcoba
4. el oso   el mono
5. el vecino   la vecindad
6. descansar   desaparecer
7. la depresión   el enojo
8. el tiburón   el tigre
9. la estufa   la escoba
10. el patio   el techo

EJERCICIOS DE COMPRENSIÓN

A. *Listen to the following sentences. Indicate whether they are true or false by circling* **Cierto** *or* **Falso**. *Each sentence will be repeated.*

1. Cierto   Falso
2. Cierto   Falso
3. Cierto   Falso
4. Cierto   Falso
5. Cierto   Falso
6. Cierto   Falso

B. *Listen to this explanation of the Hispanic custom of the piñata. You will hear the selection twice. Then you will hear a series of questions. Select the one answer that does* not *fit the following questions.*

The following vocabulary will help you to better understand the explanation.

cartón	*cardboard*	se cuelga	*is hung*
disfrutar	*to enjoy*	tesoro	*treasure*
palo	*stick*	vasija	*container*
saltan encima	*jump on top*	vendados	*covered*

1. a.   b.   c.
2. a.   b.   c.
3. a.   b.   c.
4. a.   b.   c.
5. a.   b.   c.

EJERCICIO DE COMPRENSION: *CÁMARA 1**

Indoors and outdoors come together in downtown Caracas. Listen to this narration about the parks and museums in Venezuela's capital. Then you will hear a series of phrases. Identify the place which corresponds with the description you hear and write its letter in the blank. You will hear the narration twice.

---

*The corresponding video segment may be found in the *Cámara 1* Videocassette 1, Episodio 9, Escena 2.

The following vocabulary will help you to better understand the narration.

adelantos	*advances*	época pre-colombina	*pre-Colombian era*
albergan	*house (v)*	patria	*country*
caobos	*mahogany trees*	reino	*kingdom*
cuenta con	*has*	rendir	*to render: give*
disecados	*stuffed*	rodeado	*surrounded*
edificaciones	*buildings*		

a. el parque de los Caobos

b. el Parque de los Próceres (Hombres Ilustres)

c. el Museo de los Niños

d. el Museo de Ciencias Naturales

e. la Galería de Arte nacional

f. Museo de Arte Contemporáneo

1. _____   5. _____

2. _____   6. _____

3. _____   7. _____

4. _____   8. _____

NOMBRE _____ FECHA _____ CLASE _____

LECCIÓN 7

¿Y a qué hora empiezas tú el día?

I. Expresando la hora

Listen to the following times. Write the numbers to express them. Each time will be repeated.

MODELO You hear: Son las once y cinco.
  You write: **11:05**

1. _____
2. _____
3. _____
4. _____
5. _____
6. _____
7. _____
8. _____

II. Los interrogativos

A. *You are listening to a lecture on Christopher Columbus in a museum in San Juan, Puerto Rico. Choose the question that corresponds to the statement you hear. Each sentence will be repeated.*

MODELO You hear: Cristóbal Colón fue el descubridor de América.
  You see: a. ¿Quién fue el descubridor de América?
   b. ¿Cómo fue el descubridor de América?
  You choose **a** because it is the most logical question.

1. a. ¿Para dónde salió Colón en su primer viaje?
   b. ¿De dónde salió Colón en su primer viaje?

2. a. ¿Cuál fue la primera isla que vio Colón?
   b. ¿Con quién fue Colón a la primera isla?

3. a. ¿Cuántos viajes hizo Colón a América?
   b. ¿Qué viajes hizo Colón a América?

4. a. ¿Cuáles fueron sus viajes?
   b. ¿Cómo fueron sus viajes?

5. a. ¿A quién pertenecía gran parte de América en el siglo XVI?
   b. ¿Por qué pertenecía gran parte de América a España en el siglo XVI?

B. Good News! *Marta is relaying the news of her upcoming marriage. Form questions about her fiancé based on the sentences you hear. Then repeat the correct response after the speaker.*

MODELO   Mi novio se llama Raúl Fernández.
          ¿Cómo se llama tu novio?

The following vocabulary will help you to better understand the exercise.

boda   *wedding*

III. Los pronombres demostrativos

A. *Some people are not very adventuresome. Answer the following questions substituting the correct singular form of the demonstrative pronoun* **ése** *for the noun in each sentence. Then repeat the correct response after the speaker.*

MODELO   ¿Vas a probar todos los postres?
          No, sólo voy a probar ése.

B. *Listen to the following statements. Then form questions, using the demonstrative pronouns. Repeat the correct response after the speaker.*

MODELO   Me gusta mucho la tasca.
          ¿Cuál? ¿Esta o ésa?

EJERCICIOS DE COMPRENSIÓN

A. *Listen to the following sentence fragments. Circle the ending that best completes each one. Each sentence fragment will be repeated.*

1. a. la farmacia.   b. el puente.   c. la parada.
2. a. rascacielos.   b. buzones.   c. quioscos.
3. a. dar una vuelta. b. pararse.   c. seguir derecho.
4. a. el ayuntamiento. b. la tasca.   c. el almacén.
5. a. al cine   b. al semáforo. c. al buzón.

B. *Listen to the following situations. Choosing from the list of words in columns I and II, tell where you would go and whom you would ask for help. Then repeat the correct answer after the speaker.*

MODELO   Ud. acaba de tener un accidente.
          Busco la estación de policía. Le pido ayuda al policía.

I	II
almacén	farmacéutico
farmacia	operadora
cafetería	abogado
parada	dependiente
banco	mozo (*waiter*)
cabina telefónica	conductor
ayuntamiento	cajero

NOMBRE _____ FECHA _____ CLASE _____

PRONUNCIACIÓN

*Listen to the following words that contain the letters **r** and **rr**. The first time you hear the word, repeat it after the speaker. The second time you hear the word, write it down.*

1. _____
2. _____
3. _____
4. _____
5. _____
6. _____
7. _____
8. _____
9. _____
10. _____

LECCIÓN 8

Comer sin vino, comer mezquino° °miserably

I. El pronombre como complemento directo

Repeat the following sentences, substituting the direct object pronoun for the direct object noun. Then repeat the correct response after the speaker.

MODELO   No encuentro el libro.
   No lo encuentro.

II. Dos pronombres como complemento del verbo

José is always asking the babysitter questions. Answer his questions in the affirmative, replacing the direct and indirect objects with pronouns. Repeat the correct response after the speaker.

MODELO   ¿Le das el abrigo a Juan?
   Sí, se lo doy.

III. *Gustar* y otros verbos similares

A. *Listen to the following sentences and answer them in the affirmative. Then repeat the correct response after the speaker.*

MODELO   ¿Te gusta mucho el verano?
   Sí, me gusta mucho el verano.

B. *Mr. Zamora is trying to make dinner for his family, but it's hard to find something everyone likes. Form sentences from the questions you hear, using the verb **gustar** in the negative. Then repeat each sentence.*

MODELO   ¿a la criada? ¿las galletas?
   A ella no le gustan nada las galletas.

EJERCICIO DE COMPRENSIÓN

*Listen to the following narration of Señora Soto. The narration will be read twice followed by five true/false statements. Circle **Cierto** or **Falso**, according to what you heard.*

1. Cierto   Falso
2. Cierto   Falso
3. Cierto   Falso
4. Cierto   Falso
5. Cierto   Falso

ENTONACIÓN

*You will hear ten sentences. Indicate whether they are questions or exclamations by circling **a** or **b**. Then repeat the sentence after the speaker the second time you hear it.*

1. a. ¿ ?   b. ¡ !
2. a. ¿ ?   b. ¡ !
3. a. ¿ ?   b. ¡ !
4. a. ¿ ?   b. ¡ !
5. a. ¿ ?   b. ¡ !

6. a. ¿ ?   b. ¡ !
7. a. ¿ ?   b. ¡ !
8. a. ¿ ?   b. ¡ !
9. a. ¿ ?   b. ¡ !
10. a. ¿ ?   b. ¡ !

PRONUNCIACIÓN

*The following words contain the diphthong **eu**. Repeat each word after the speaker.*

deuda	neutral
Europa	feucho
reumático	reunión

Now repeat the following words that contain the diphthong **ue**.

bueno	juego
pueblo	almuerzo
nuestra	cuento
huevo	sueño
puente	recuerdo

EJERCICIOS DE COMPRENSIÓN

A. *Listen to the following commentary on Spanish customs. The commentary will be read twice followed by five true/false statements. Circle **Cierto** or **Falso**, according to what you heard.*

The following vocabulary will help you to understand the commentary.

la línea	*figure*	las tapas	*snacks*
devorar	*to devour*	el aperitivo	*appetizer*
ligero	*light*		

1. Cierto   Falso
2. Cierto   Falso
3. Cierto   Falso
4. Cierto   Falso
5. Cierto   Falso

B. *Meal customs in the United States are somewhat different. Listen to the following sentences. Indicate which U.S. style meal the speaker is talking about by writing the correct letter for each sentence. You will hear each sentence twice.*

a. desayuno   b. almuerzo   c. merienda   d. cena

NOMBRE _____ FECHA _____ CLASE _____

1. _____   6. _____
2. _____   7. _____
3. _____   8. _____
4. _____   9. _____
5. _____   10. _____

EJERCICIO DE COMPRENSIÓN: *CÁMARA 1**

*Listen to the narration about fast food restaurants in Puerto Rico. The narration will be read twice followed by five true/false statements. Circle **Cierto** or **Falso**, according to what you heard.*

The following vocabulary will help you to better understand the narration.

cadenas	*chains*	hábitos alimentarios	*eating habits*
cambios	*changes*	han propiciado	*have favored*
come y vete	*eat and run*	indiscutible	*indisputable*
estilo de vida	*life style*	isla	*island*
éxito	*success*	ser afín con	*to like; prefer*

1. Cierto   Falso
2. Cierto   Falso
3. Cierto   Falso
4. Cierto   Falso
5. Cierto   Falso

---

*The corresponding video segment may be found in the *Cámara 1* Videocassette 1, Episodio 5, Escena 3.

NOMBRE _____ FECHA _____ CLASE _____

LECCIÓN 9

¿Qué hacemos esta noche?

I. *Por* y *para*

A. Listen to the following questions. Answer them, using **por** or **para** and the cue at the end of each sentence. Then repeat the correct answer after the speaker.

MODELO   ¿Para quién es el regalo? (mi novio)
          El regalo es para mi novio.

B. Listen to the following sentence fragments. Circle the letter of the phrase that best completes each sentence. Each sentence will be repeated.

1. a. para mí.   b. por mí.
2. a. para la sala.   b. por la sala.
3. a. por la capital.   b. para la capital.
4. a. por avión.   b. para avión.
5. a. por una extranjera.   b. para una extranjera.
6. a. para estar enferma.   b. por estar enferma.
7. a. por poco dinero.   b. para poco dinero.

II. El *se* impersonal

A. Listen to the following questions and answer them according to the cue you hear at the end of each sentence. Then repeat the correct response after the speaker.

MODELO   ¿Se vive bien en este país? (Sí)
          Sí, se vive bien en este país.

B. Listen to the following questions and answer them in the affirmative, using the impersonal **se**. Then repeat the correct response after the speaker.

MODELO   ¿Allí celebran el día del santo?
          Sí, allí se celebra el día del santo.

III. Expresiones con el verbo *tener*

Tomás' friends are all offering excuses why they couldn't go to his band concert last night. Choose an expression from the list and complete the sentences according to the model. Repeat the correct answer after the speaker.

Copyright © 1992 Holt, Rinehart and Winston, Inc. All rights reserved

MODELO	Me dormí a las ocho.
	Me dormí a las ocho. Tenía sueño.

(no) tener calor	(no) tener que trabajar
(no) tener derecho	(no) tener miedo
(no) tener dolor de cabeza	(no) tener prisa
(no) tener frío	(no) tener razón
(no) tener ganas	(no) tener suerte
(no) tener hambre	(no) tener vergüenza

EJERCICIO DE COMPRENSIÓN

A. Listen to the following sentence fragments. Circle the ending that best completes each sentence. Each sentence will be repeated.

1. a. la barra.
   b. la copa.
   c. la pista.

2. a. jugar a las cartas.
   b. las butacas.
   c. dejar una propina.

3. a. las taquillas.
   b. las butacas.
   c. las entradas.

4. a. ver la televisión.
   b. chismear.
   c. contar chistes.

5. a. el boleto.
   b. el canal.
   c. el argumento.

B. Listen to the following sentences. Then decide where the activities you hear described would take place. Write the number of each sentence under the appropriate phrase. You will hear each sentence twice.

En casa	**En la ciudad**	**En el campo**
_____	_____	_____
_____	_____	_____
_____	_____	_____
_____	_____	_____

NOMBRE _____ FECHA _____ CLASE _____

PRÁCTICA AUDITIVA

A. *Listen to the following words or phrases. Underline the word or words you hear. Each word or phrase will be repeated.*

1. bebe   beber   bebé
2. res   red
3. vaso   beso   bazo
4. dado   daros
5. medicina   me decía
6. no, espero   no, es peor
7. un vuelo   un abuelo
8. obrero   obrera
9. mecemos   merecemos
10. No va a haber nada.   No va a ver nada.

B. *Listen to the following sentences. All the accent marks have been omitted. Write them on the words where needed. Each sentence will be repeated.*

1. Me rompi la nariz al caerme del sillon.
2. Hare un examen teorico-practico.
3. El capitulo sobre psicologia adolescente es facil.
4. Los paises nordicos son mas frios que los latinos.
5. El arbol que plantaron esta detras del jardin.

EJERCICIO DE COMPRENSIÓN: CÁMARA 1*

You are trying to plan your day at the Hilton Hotel in San Juan. Listen to the following passage describing the activities and services available to you. Then complete your notes and decide what to do. You will hear the passage twice.

The following vocabulary will help you to better understand the passage.

artesanía	*crafts*	flores	*flowers*
calzado de damas	*ladies' footwear*	joyería	*jewelry*
cueva de Aladino	*Aladdin's cave*	llevar a cabo	*to carry out*
desfile de modas	*fashion show*	recuerdos	*souvenirs*
diseños	*designs*	temporada turística	*tourist season*

en la tarde: se puede comprar _____, recuerdos, _____,

        artesanía local, _____

---

*The corresponding video segment may be found on the *Cámara 1* Videocassette 1, Episodio 8, Escena 2.

a la hora de comer: se cena en el *Rotisserie*: delicias internacionales y en el *Batey del Pescador*:
_____

de noche: se puede disfrutar de espectáculos en el *Club Caribe*,
_____

_____

a toda hora: se disfruta del _____

_____

NOMBRE _____ FECHA _____ CLASE _____

LECCIÓN 10

Mi itinerario

I. El subjuntivo con las expresiones impersonales

A. *Listen to the following sentences. Form new sentences, using the subjunctive and the cue you hear at the end of each sentence. Then repeat the correct response after the speaker.*

MODELO   Está bien venir sin regalo. (los invitados)
                 Está bien que los invitados vengan sin regalo.

B. *The Larsons are finding out that things don't always go as planned on a trip. Listen to the following sentences. Form new sentences using the subjunctive and the cue you hear at the end of each sentence. Then repeat the correct response after the speaker.*

MODELO   Hoy nieva en Yucatán. (Es imposible)
                 Es imposible que hoy nieve en Yucatán.

EJERCICIO DE COMPRENSIÓN

C. *Leonard Larson is in charge of buying the tickets for the trip. Listen to his conversation with the travel agent. Then fill in the agent's order form according to the information you hear. The conversation will be given twice.*

AEROLÍNEA _____

Nombre del pasajero _____

Número total de viajeros _____

Destino	Fecha	Hora/Salida	Hora/Llegada	Vuelo	Clase(1°, TU)
_____	_____	_____	_____	_____	_____

¿Escala? Sí No Ciudad _____

Tarifa: $ _____ por persona

PRONUNCIACIÓN

Listen to the following pairs of words. Repeat them after the speaker. The second time you hear them write them down.

1. _____ / _____
2. _____ / _____
3. _____ / _____
4. _____ / _____
5. _____ / _____
6. _____ / _____
7. _____ / _____
8. _____ / _____
9. _____ / _____
10. _____ / _____

ENTONACIÓN

You will hear ten sentences. Indicate whether they are questions (P for preguntas) or replies (R for respuestas). Circle your answer. Each sentence will be repeated.

1. P　　R
2. P　　R
3. P　　R
4. P　　R
5. P　　R

6. P　　R
7. P　　R
8. P　　R
9. P　　R
10. P　　R

EJERCICIO DE COMPRENSIÓN

Listen to the following sentence fragments. Circle the ending that best completes each sentence. Each sentence will be repeated.

1. a. un agente de viajes.
   b. una azafata.
   c. un piloto.

2. a. facturar las maletas.
   b. comprar los pasajes.
   c. reclamar el equipaje.

3. a. su cinturón de seguridad.
   b. su asiento.
   c. su pasaporte.

4. a. adelantado.
   b. retrasado.
   c. revisado.

5. a. el coche comedor.
   b. la taquilla.
   c. la sala de espera.

NOMBRE _____ FECHA _____ CLASE _____

LECCIÓN 11

...y con baño privado, por favor

I. Verbos y pronombres reflexivos

A. *Before sharing your beach condo with a group of friends, you decide to interview them about their daily habits. Listen to the following questions. Answer each in the affirmative, using the appropriate form of the reflexive verbs. Repeat the correct response after the speaker.*

MODELO   Yo me despierto a las seis. ¿Y Uds.?
                   Nosotros nos despertamos a las seis, también.

B. *Señor Larson is frustrated with the lack of amenities in the hotel. The receptionist is trying to help him. Listen to the questions, then answer them using the cues provided. Repeat the correct response after the speaker.*

The following vocabulary will help you to better understand the exercise.

jabón	*soap*	reloj	*clock*
máquina de afeitar	*razor*	zapatos	*shoes*

MODELO   ¿Para afeitarse? No tiene máquina de afeitar? (agua caliente)
                   Tengo máquina de afeitar. Para afeitarme necesito agua caliente, también.

EJERCICIO DE COMPRENSIÓN

*You will hear a dialog between Pablo Larson and his sister Teresa. The dialogue will be read twice followed by five true/false statements. Circle **Cierto** or **Falso**, according to what you heard.*

1. Cierto   Falso
2. Cierto   Falso
3. Cierto   Falso
4. Cierto   Falso
5. Cierto   Falso

PRÁCTICA AUDITIVA

Listen to the following words and phrases. Underline the word or words that you hear.

1. a casa   alcanza   acaso

2. acaba de   acabado

Copyright © 1992 Holt, Rinehart and Winston, Inc. All rights reserved

3. mata meta
4. hago hondo aro
5. fuego juego jugo
6. es cojo escoje
7. lama lema loma
8. respeto respecto respetó
9. bastan basta basto
10. piel miel

PRONUNCIACIÓN

Listen to the following words and repeat them after the speaker.

buey confiáis
higiénico Uruguay
aduana vuelo
merienda prueba
aun hielo

EJERCICIO DE COMPRENSIÓN

Imagine that you are in a hotel and you find yourself in the following situations. Tell what you would do. Choose the person or thing you would look for from the list of words below. Then repeat the correct answer after the speaker.

MODELO Ud. se va del hotel. Necesita pagar la cuenta.
Busco la tarjeta de crédito.

la tarjeta de crédito   la piscina
el ascensor   la llave
el botones   la criada

NOMBRE _____ FECHA _____ CLASE _____

LECCIÓN 12

De compras

I. Los mandatos

A. *The Larson twins and Grandma Carson want to do different things. Respond to each of the following statements with an **usted** or **ustedes** command. Then repeat the correct answer after the speaker.*

MODELO   Quiero visitar a Carolina.
Pues, visite a Carolina.

Queremos volver a la hora de comer.
Pues, vuelvan a la hora de comer.

B. *Susana has other ideas. Respond to each of the following statements with an affirmative **tú** command. Then repeat the correct answer after the speaker.*

MODELO   Tengo ganas de leer una novela rusa.
Pues, lee una novela rusa.

C. *Leonard doesn't want to do anything on his last day. Respond to each of the following statements with a negative **tú** command. Then repeat the correct answer after the speaker.*

MODELO   No me interesa comprar recuerdos de viaje.
Entonces, no compres recuerdos de viaje.

D. *Imagine that you are Carlitos' mother and tell him not to do the things he is doing. Substitute object pronouns whenever possible. Then repeat the correct response after the speaker.*

MODELO   Mamá, Carlitos está apagando las luces.
Carlitos, no las apagues.

E. *Listen to the following questions. Answer each, using the affirmative **nosotros** command. Substitute object pronouns whenever possible. Then repeat the correct response after the speaker.*

MODELO   ¿Vamos a sentarnos aquí?
Sí, sentémonos aquí.

F. *Listen to the following questions. Answer each, using the negative **nosotros** command. Substitute object pronouns whenever possible. Then repeat the correct response after the speaker.*

MODELO   ¿Vamos a darle el dinero a María?
No, no se lo demos.

EJERCICIO DE COMPRENSIÓN

A. *Ana and Manuel are discussing his trip to Spain. Listen to their dialogue and write the missing punctuation and accent marks on the text below. The dialogue will be read twice, followed by five comprehension questions.*

ANA: Que fotos mas buenas   Donde las sacaste

MANUEL: Te gustan   Las saque en España este verano

ANA: Que castillo es este   Me encanta

MANUEL: Es el Castillo de la Mota   Es una maravilla   En total vimos mas de diez castillos en todo el pais.

ANA: Y este palacio

MANUEL: Ah   Es la Alhambra de Granada   Para mi Granada fue una revelacion

ANA: Es Andalucia tan bonita como se dice

MANUEL: Mucho mas   Otra region que me gusto mucho y que quizas es menos conocida para los turistas es Galicia   En especial   Santiago de Compostela   Me parecio una ciudad preciosa

ANA: Que ganas de ir a España

MANUEL: Pues   cuando quieras ir me lo dices   Me encantaria volver

Now, write an answer to each of the questions you hear.

1. _____
2. _____
3. _____
4. _____
5. _____

B. What was "in" (**en la onda**) before may be "way out" (**fuera de la onda**) now. Decide which of the following young adults are in fashion. Circle **a** or **b** for each statement. You may have to defend your answers!

a. En la onda   b. Fuera de la onda

1. a. b.   5. a. b
2. a. b   6. a. b.
3. a. b.   7. a. b.
4. a. b.   8. a. b.

C. Susana and Pablo Larson are talking about an attempted shopping trip. Listen to the dialogue followed by a series of statements. Indicate whether each statement is true or false, **Cierto** or **Falso**, according to the information you hear. The dialogue will be read twice.

1. Cierto Falso   4. Cierto Falso
2. Cierto Falso   5. Cierto Falso
3. Cierto Falso   6. Cierto Falso

NOMBRE _____ FECHA _____ CLASE _____

EJERCICIO DE COMPRENSIÓN: *CAMARA 1**

Listen to the following narration about the popularity of blue jeans. It will be followed by five true/false statements. Circle **Cierto** *or* **Falso** *according to what you heard. The passage will be read twice.*

The following vocabulary will help you to better understand the narration.

agrandarse	*to stretch*	insuperable	*unbeatable*
a menudo	*often*	niños terribles	*avant-garde youth*
cuerpo	*body*	posaderas	*buttocks*
embarazo	*pregnancy*	recoser	*to sew again*
encinta	*pregnant*	recurso	*resource*
han sido copiados	*have been copied*	tirantes	*suspenders*
hilo	*thread*	vientre	*belly*
igualado	*equaled*		

1. Cierto   Falso
2. Cierto   Falso
3. Cierto   Falso
4. Cierto   Falso
5. Cierto   Falso

B. *Even far away from home, one never escapes advertising. Listen to the following ads; then identify the item for sale. Some may have more than one answer.*

The following vocabulary will help you to better understand the ads:

lucir	*to show off*
placer	*pleasure*
playa	*beach*
sin par	*without equal*

1. _____   3. _____

2. _____   4. _____

PRÁCTICA AUDITIVA

Listen to the following words. Underline the command you hear. Each command will be repeated.

1. a. contéstame   b. contésteme
2. a. repíteselo   b. repítesela
3. a. pregúntanoslas   b. pregúntenoslas
4. a. cuéntemela   b. cuéntamela
5. a. pídaselas   b. pídeselas

*The corresponding video segment may be found on the *Cámara 1* Videocassette 1, Episodio 7, Escena 2.

NOMBRE _____ FECHA _____ CLASE _____

LECCIÓN 13

¡Llueve a cántaros!

I. El subjuntivo en cláusulas sustantivas

A. *Listen to the following sentences. Form new sentences, using **espero que** and the present subjunctive. Then repeat the correct answer after the speaker.*

MODELO No llueve mucho en marzo.
Espero que no llueva mucho en marzo.

B. *Listen to the following sentences. Change the sentences from the indicative to the subjunctive, using the cues you hear. Then repeat the correct response after the speaker.*

MODELO Mañana vamos al teatro. (Me alegro de que)
Me alegro de que mañana vayamos al teatro.

C. *Listen to the following questions. Answer them in the affirmative using the subjunctive. Then repeat the correct response after the speaker.*

MODELO ¿Vas a devolver el vestido? ¿Tu mamá insiste?
Sí, mi mamá insiste en que devuelva el vestido.

II. Los pronombres relativos

A. *Listen to the following pairs of sentences. Combine them into one sentence, using the relative pronoun **que**. Then repeat the correct response after the speaker.*

MODELO Él es político mexicano. Dio la conferencia.
Él es el político mexicano que dio la conferencia.

B. *Listen to the following pairs of sentences. Combine them into one sentence, using the relative pronouns **que** or **quien(es)**. Then repeat the correct answer after the speaker.*

MODELO Vamos a la cafetería. Tiene muy poca cola.
Vamos a la cafetería que tiene muy poca cola.

C. *Listen to the following pairs of sentences. Combine them into one sentence using **cuyo**. Then repeat the correct response after the speaker.*

MODELO Carlos es el cocinero. Su paella es muy famosa.
Carlos es el cocinero cuya paella es muy famosa.

DEFINICIONES

Write the word from the list below that corresponds to the definition you hear. Each definition will be repeated.

terremoto
trueno
amanecer
aguacero

ciclón
anochecer
arco iris
sequía

1. _____

2. _____

3. _____

4. _____

5. _____

EJERCICIO DE COMPRENSIÓN: *CÁMARA 1**

Listen to the following report on serious weather conditions in Spain and elsewhere. Then fill in the blank spaces in the report. You will hear the entire selection twice.

The following vocabulary will help you to better understand the report.

Alcira, Orihuela, Murcia	*regions in Spain*	muertes	*deaths*
comarca	*region*	naturaleza	*nature*
desastre	*disaster*	ola	*wave*
humanidad	*humanity*	padecer	*to suffer*
inundaciones	*floods*	riadasi	*floods*
Levante	*Mediterranean region in Spain*		

Tanto el _____ como el _____ han provocado situaciones

_____. La ola del _____ fue el peor de los últimos _____.

La ola del calor del _____ produjo _____ numerosas en _____

mediterráneos. La _____ también tenía reservados _____ para la humanidad.

Bangladesh _____ inundaciones en cuanto se _____. En _____

también se produjeron _____. _____ volvió a ser Levante. Las comarcas

de Alcira, Orihuela y Murcia volvieron a padecer los efectos de las _____ riadas cuando sus

_____ no se habían recuperado aún de los _____.

PRÁCTICA AUDITIVA

Listen to the following words and phrases. Underline the words you hear. Each word or phrase will be repeated.

---

*The corresponding video segment may found on the *Cámara 1* Videocassette 2, Episodio 16, Escena 4.

NOMBRE _____ **FECHA** _____ **CLASE** _____

1. salario — sábado
2. esta — hasta
3. alquiler — alquilar
4. contando — cantando
5. abrir — abril
6. dotar — datar
7. cuesta — puesta
8. la mina — lámina

EJERCICIO DE COMPRENSIÓN

You will hear a series of weather reports. Circle the letter or letters of the clothing or accessories that would be appropriate for each situation.

The following vocabulary will help you to better understand the reports.

cada vez mayor	*more and more*	centígrado	*centigrade*
noreste	*northeast*	despejado	*clear; cloudless*
nuboso	*cloudy*	inundaciones	*floods*
superando	*surpassing*		

1. a. b. c. d.   3. a. b. c. d.

2. a. b. c. d.   4. a. b. c. d.

PRONUNCIACIÓN

Listen to the following words. Repeat them after the speaker, paying close attention to the pronunciation.

habitabilidad   afortunadamente

relámpagos   perpendicularidad

reacondicionamiento   profundamente

precipitación   cántaros

Lección 13

NOMBRE _____ FECHA _____ CLASE _____

LECCIÓN 14

Medias rojas 2; Tigres O

I. El tiempo futuro

It's a glorious fall Saturday and the whole gang is going to the football game. Tell who will do what, using the future tense and the cue you hear to answer the following questions. Then repeat the correct answer after the speaker.

MODELO ¿Quién va a tener prisa para llegar? (Ana y Raúl)
Ana y Raúl tendrán prisa para llegar.

II. El tiempo futuro para indicar probabilidad

Listen to the following questions. Answer each, using the future tense to express probability and the cue you hear at the end of each sentence. Then repeat the correct response after the speaker.

MODELO ¿Qué hora es? (las diez)
Serán las diez.

III. El tiempo condicional

A. *Answer the following questions, using the conditional tense and the cue you hear at the end of each sentence. Then repeat the correct response after the speaker.*

MODELO ¿Verías al doctor? (tomar dos aspirinas)
No, en este caso yo tomaría dos aspirinas.

B. *Form sentences in the negative from the following cues, using the conditional tense. Then repeat the sentence after the speaker.*

MODELO ¿Comprar un coche usado? ¿tú?
No, yo nunca compraría un coche usado.

The following vocabulary will help you to better understand the exercise.

| árabe | *Arabic* | boda | *wedding* |

EJERCICIO DE COMPRENSIÓN

*Listen to the following sentences. Indicate whether they are true or false, by circling **Cierto** or **Falso**.*

1. Cierto Falso
2. Cierto Falso
3. Cierto Falso
4. Cierto Falso
5. Cierto Falso
6. Cierto Falso

PRONUNCIACIÓN

*The following words contain the diphthong **oi**. Repeat each word after the speaker.*

h*oy*	b*oi*cot
v*oy*	*oi*go
s*oi*s	c*oi*ncidencia
d*oy*	est*oy*
b*oi*na	

Now repeat the following words, which contain the diphthong io.

d*io*ses	prec*io*
silenc*io*	b*io*logía
domin*io*	edific*io*
egipc*io*	cur*io*sidad
horar*io*	diar*io*

EJERCICIO DE COMPRENSIÓN

*Listen to the following commentary on the New York marathon. The commentary will be read twice followed by five true/false statements. Circle **Cierto** or **Falso**, according to what you hear.*

The following vocabulary will help you to better understand the narration.

corredores	*runners*	premio	*prize*
maratón	*marathon*	presupuesto	*budget*
nivel	*level*		

1. Cierto   Falso
2. Cierto   Falso
3. Cierto   Falso
4. Cierto   Falso
5. Cierto   Falo

NOMBRE _____ FECHA _____ CLASE _____

LECCIÓN 15

Y, las noticias...

I. Expresiones negativas

A. *Alejandro never gets anything right. Repeat the following sentences, changing them to the negative. Then repeat the correct answer after the speaker.*

MODELO   Ignacio tiene algunas amigas españolas.
                    Ignacio no tiene ninguna amiga española.

B. *Answer the following questions, using negative expressions. Then repeat the correct answer after the speaker.*

MODELO   ¿Viste a alguien en la calle?
                    No, no vi a nadie en la calle.

II. El subjuntivo en cláusulas adjetivales

A. *Carlos has a lot of dreams; everything will be better in the future. Form new sentences, using the cue you hear at the end of each sentence. Then repeat the correct response after the speaker.*

MODELO   No voy a hacer tareas aburridas. (ser)
                    No voy a hacer tareas que sean aburridas.

B. *Listen to the following sentence fragments. Complete each one, using the cue you hear at the end of each sentence. The verb can be in the subjunctive or the indicative. Then repeat the correct response after the speaker.*

MODELO   No conozco a nadie que... (tocar el piano)
                    No conozco a nadie que toque el piano.

C. *Listen to the following ads for either buying or selling a product. Then supply the corresponding reply; if they're buying, you're selling—and vice versa. Then repeat the correct answer after the speaker.*

MODELO   Venden una cámara que tiene enfoque autómatico.
                    Yo busco una cámara que tenga enfoque automático.

EJERCICIOS DE COMPRENSIÓN

A. *You are the producer of a local news program. You will hear a series of lead sentences to news stories which your correspondents have prepared. Indicate to which section of the news each one belongs by writing the correct letter after each number.*

     a. noticias internacionales   b. deportes   c. pronóstico meteorológico
     d. noticias locales   e. sociales

The following vocabulary will help you to better understand the lead sentences.

abertura	*opening*	imponer	*to impose*
boda	*wedding*	impuestos escolares	*school taxes*
cena de gala	*formal dinner*	monarcas	*monarchs*
derrotar	*to defeat*	presupuesto	*budget*
estrellas de cine	*movie stars*	reina	*queen*
gastronomía	*gastronomy*		

1. _____
2. _____
3. _____
4. _____
5. _____
6. _____
7. _____
8. _____
9. _____
10. _____

B. *Listen to the following news broadcast from our local correspondent about a robbery. The broadcast will be read twice followed by six true/false statements. Circle* **Cierto** *or* **Falso**, *according to what you hear.*

1. Cierto   Falso
2. Cierto   Falso
3. Cierto   Falso
4. Cierto   Falso
5. Cierto   Falso
6. Cierto   Falso

C. *Listen to the following documentary from our international correspondent on Equatorial Guinea, a small country in West Central Africa. Then fill in the country profile according to the information you hear. The selection will be read twice.*

The following vocabulary will help you to better understand the documentary.

además	*besides*	herencia	*inheritance*
agua embotellada	*bottled water*	inmunización	*immunization shots*
asombrar	*to astound*	llegada	*arrival*
auditores	*listeners*	madera	*wood*
Bioko	*island off Equatorial Guinea*	portugueses	*Portuguese*
cacao	*cocoa*	tamaño	*size*
fang, bubi	*languages of Bioko*		

1. País: _____
2. Composición: _____
3. Población: _____
4. Clima: _____
5. Exportaciones: _____
6. Colonizador(es): _____

NOMBRE _____ FECHA _____ CLASE _____

D. You will hear a documentary selection from our national correspondent followed by a series of questions or incomplete statements. Circle the answer which best completes each statement according to the information you hear. Then listen to the selection again and check your answers.

The following vocabulary will help you to better understand the documentary.

auditivo	*auditory*	oídos	*ears*
decibeles	*decibels*	Organización Mundial de la Salud	*World Health Organization*
diariamente	*daily*	País Ibérico	*Spain*
estrés	*stress*	pérdida	*loss*
lo mismo	*the same*	ruidoso	*noisy*
ocasionar	*to cause*	Suecia	*Sweden*

1. a. b. c.
2. a. b. c.
3. a. b. c.
4. a. b. c.
5. a. b. c.

ENTONACIÓN

Listen to the following sentences. Repeat each one after the speaker.

1. Se llega a la paz a través de la contemplación.
2. No ha parado de llover un solo instante.
3. Inés se está entrevistando otra vez.
4. El español es un idioma utilísimo.
5. ¿Estás enfadada con Elena? ¿Cómo es eso?

NOMBRE _____ FECHA _____ CLASE _____

LECCIÓN 16

Herederos de la Raza

I. Los tiempos perfectos

A. *Listen to the following sentences. Repeat each one, changing the verb to the present perfect tense and adding the cue you hear. Then repeat the correct response after the speaker.*

MODELO En noviembre no hizo mucho frío. (En diciembre)
En diciembre tampoco ha hecho mucho frío.

B. *Change the following sentences to the past tense, using the preterite and the pluperfect tenses. Then repeat the correct response after the speaker.*

MODELO Ramón come el sándwich que Anita hizo.
Ramón comió el sándwich que Anita había hecho.

C. *Teodoro is always impatient. Answer the following questions, using the future perfect tense and the cue at the end of each sentence. Then repeat the correct response after the speaker.*

MODELO ¿Has terminado el trabajo? (mañana)
Habré terminado el trabajo para mañana.

D. *Estela is back in the United States after an extended visit to her home in Jalisco, Mexico. But a lot of things have changed in the meantime. Answer her questions using the present perfect tense.*

MODELO ¿Cúando pintarán la casa?
Pero ya la han pintado.

II. El imperfecto del subjuntivo

A. *Listen to the following sentences. Mark an X under the present subjunctive or the imperfect subjunctive, according to the verb you hear. Each sentence will be repeated.*

	Present subjunctive	Imperfect subjunctive
1.	_____	_____
2.	_____	_____
3.	_____	_____
4.	_____	_____
5.	_____	_____

Copyright © 1992 Holt, Rinehart and Winston, Inc. All rights reserved

EJERCICIO DE COMPRENSIÓN

*Listen to the following poem «He andado muchos caminos» by the Spanish poet Antonio Machado. You will hear the poem once, followed by five true/false statements. Circle **Cierto** or **Falso**, according to what you hear.*

HE ANDADO MUCHOS CAMINOS

He andado muchos caminos,
he abierto muchas veredas°; *paths*
he navegado en cien mares,
y atracado° en cien riberas°. *come ashore / shores*

En todas partes he visto
caravanas de tristeza,
soberbios° y melancólicos *haughty*
borrachos de sombra° negra, *shadow*

y pedantones° al paño° *pedant / cloth*
que miran, callan y piensan
que saben, porque no beben
el vino de las tabernas.

Mala gente que camina
y va apestando° la tierra... *plaguing*

Y en todas partes he visto
gentes que danzan o juegan,
cuando pueden, y laboran
sus cuatro palmos° de tierra. *measure of length*

Nunca, si llegan a un sitio,
preguntan adónde llegan.
Cuando caminan, cabalgan° *ride horseback*
a lomos de° mula vieja, *on back*

y no conocen la prisa
ni aun en los días de fiesta.
Donde hay vino beben vino;
donde no hay vino, agua fresca.

Son buenas gentes que viven,
laboran, pasan y sueñan,
y en un día como tantos,
descansan bajo la tierra.

NOMBRE _____ **FECHA** _____ **CLASE** _____

1. Cierto   Falso
2. Cierto   Falso
3. Cierto   Falso
4. Cierto   Falso
5. Cierto   Falso

PRONUNCIACIÓN

The following words contain the diphthong **ui**. *Listen and repeat each word after the speaker.*

m*u*y	c*ui*dado
f*ui*	alg*ui*en
r*ui*do	r*ui*na

Now repeat these words which contain the diphthong **iu**.

v*iu*do   c*iu*dad   tr*iu*nfo

EJERCICIOS DE COMPRENSIÓN

A. *Listen to the following excerpt from a speech made by astronaut Major Sydney Gutiérrez. The speech will be read twice followed by a comprehension exercise.*

The following vocabulary will help you to better understand the speech.

apoyo	*support*	meta	*goal*
criar	*to raise*	misioneros	*missionaries*
disponible	*available*	orgulloso	*proud*
familiares	*family members*	único	*unique*
lazo	*tie*	ventaja	*advantage*
los demás	*the others, the rest*		

Listen to the following sentence fragments and circle the letter of the best ending for each one. Each sentence fragment will be repeated.

1. a. de su padre.
   b. de ser astronauta.
   c. de su herencia hispana.

2. a. una gran ventaja.
   b. algo de poca importancia.
   c. un enorme obstáculo.

3. a. luchar contra la discriminación de los hispanos.
   b. sentir orgullo al ser ciudadano de los Estados Unidos.
   c. apreciar las contribuciones de los hispanos al estado de Nuevo México.

4. a. la intensa unidad de la familia.
   b. la admiración que se siente por España.
   c. su orgullo y determinación.

5. a. los Estados Unidos ofrece muchas posibilidades de triunfar.
   b. no es fácil triunfar en los Estados Unidos.
   c. los jóvenes no reciben ningún apoyo en sus carreras.

6. a. es imposible que un hispano triunfe en este país.
   b. los hispanos en los Estados Unidos nunca alcanzan altos niveles económicos y culturales.
   c. existen oportunidades para los de herencia hispana.

B. *Listen to the following selection about immigration to the United States. Then answer the true/false statements according to what you hear. The selection will be read twice.*

The following vocabulary will help you to better understand the selection.

actual	*present, current*	oeste	*west*
chino	*Chinese*	por supuesto	*of course*
derrocar	*to overthrow*	principio	*principle*
enfermedad	*sickness*	Segunda Guerra Mundial	*Second World War*
influir	*to influence*	siglo	*century*
ley	*law*	taza	*rate*

1. Cierto   Falso
2. Cierto   Falso
3. Cierto   Falso
4. Cierto   Falso
5. Cierto   Falso

LECCIÓN 17

De donde crece la palma

I. Preposiciones

A. *You will hear a series of sentences. In each sentence, the beep that you hear indicates that a preposition is missing. Mark an **X** under the preposition that correctly completes each sentence. Then repeat the correct response after the speaker.*

MODELO Voy a asistir ___ una conferencia sobre la cultura caribeña.
  Voy a asistir a una conferencia sobre la cultura caribeña.

The following vocabulary will help you to better understand the exercise.

caribeño	*Caribbean (adj.)*
merengue	*dance from the Dominican Republic*
salsa	*fusion of jazz and typical Caribbean rhythms*

	A	CON	DE	EN
1.				
2.				
3.				
4.				
5.				
6.				
7.				
8.				

B. *Listen to the following pairs of sentences. Combine them into one sentence, using the cue you hear. Then repeat the correct response after the speaker.*

MODELO Miguel trabaja muchas horas. Ayuda a su familia. (para)
  Miguel trabaja muchas horas para ayudar a su familia.

C. *You will hear a series of sentences about the location of different objects. Indicate whether or not the locations indicated are logical.*

¡Sí, es lógico!	¡No, no tiene sentido (*it doesn't make sense*)!
1. _____	_____
2. _____	_____
3. _____	_____
4. _____	_____
5. _____	_____
6. _____	_____
7. _____	_____
8. _____	_____
9. _____	_____
10. _____	_____

II. Los pronombres como objeto de la preposición

Listen to the following sentence fragments. Underline the pronouns that best complete each sentence. Each sentence will be repeated.

1. a. tú y yo   b. ti y mí
2. a. tú   b. ti
3. a. ti   b. tú
4. a. ti y mí   b. tú y yo
5. a. yo   b. mí

EJERCICIOS DE COMPRENSIÓN

A. *Listen as Laura Rodríguez describes a typical Sunday in her life. The narration will be read twice followed by five true/false statements. Circle **Cierto** or **Falso**, according to what you hear.*

1. Cierto   Falso
2. Cierto   Falso
3. Cierto   Falso
4. Cierto   Falso
5. Cierto   Falso

B. *Listen to the following selection about refugees. Then answer the true/false (**Cierto** or **Falso**) statements that follow according to the information you hear. You will hear the selection read twice.*

NOMBRE _____ FECHA _____ CLASE _____

The following vocabulary will help you to better understand the selection.

ambiente	*environment*	maltrato	*mistreatment*
ampliar	*to widen*	Medio Oriente	*Middle East*
costumbre	*custom*	persecución	*persecution*
crisol	*melting pot*	realizar	*to accomplish*
destierro	*exile*	refugiado	*refugee*
huir	*to flee*	tierra natal	*homeland*

1. Cierto Falso

2. Cierto Falso

3. Cierto Falso

4. Cierto Falso

5. Cierto Falso

6. Cierto Falso

PRONUNCIACIÓN

Listen to the following words and repeat them after the speaker.

caída	poeta
país	cohete
raíz	peor
tengáis	almohada
creía	pasear

Lección 17

NOMBRE _____ FECHA _____ CLASE _____

LECCIÓN 18

Isla del encanto

I. ¿Subjuntivo o indicativo?

Listen to the following sentences. Decide whether the second verb you hear in each sentence is in the subjunctive or the indicative and underline your answer. Each sentence will be repeated.

1. indicativo   subjuntivo
2. indicativo   subjuntivo
3. indicativo   subjuntivo
4. indicativo   subjuntivo
5. indicativo   subjuntivo
6. indicativo   subjuntivo
7. indicativo   subjuntivo
8. indicativo   subjuntivo
9. indicativo   subjuntivo
10. indicativo   subjuntivo

II. El subjuntivo en cláusulas adverbiales

Listen to the following sentences. Combine them into one sentence, using the subjunctive and the following cues. Then repeat the correct response after the speaker.

MODELO   Iré al campo. Vas conmigo. (con tal que)
          Iré al acampo con tal que vayas conmigo.

1. antes de que   5. antes de que
2. a menos que   6. para que
3. para que   7. en caso de que
4. a condición de que   8. hasta que

III. El subjuntivo en cláusulas con *sí*

A. *Repeat the following sentences, changing them so that they express a hypothetical condition. Then repeat the correct response after the speaker.*

MODELO   Si llueve, no habrá una fiesta.
Si lloviera, no habría una fiesta.

*B. Change each sentence, using the expression **como si** and the correct form of the imperfect subjunctive. Then repeat the correct answer after the speaker.*

MODELO   No va al baile. (vestirse)
Se viste como si fuera al baile.

PRÁCTICA AUDITIVA

A. Listen to the following groups of words. Circle the letter of the word that does not belong with the others. Each group of words will be repeated.

1. a.   b.   c.
2. a.   b.   c.
3. a.   b.   c.
4. a.   b.   c.
5. a.   b.   c.

*B. Listen to the following sentences. Indicate whether they are **Cierto** or **Falso** by circling the correct answer.*

1. Cierto   Falso
2. Cierto   Falso
3. Cierto   Falso
4. Cierto   Falso
5. Cierto   Falso

ENTONACIÓN

Listen to the following words and phrases. Underline the words you hear. Each word or phrase will be repeated.

1. balón   valor
2. meciera   mecera
3. huevo   duelo
4. vuela   muela
5. esquimal   Esquía mal.
6. mira   mida

| NOMBRE | FECHA | CLASE |

7. loro lodo

8. a través atravesé

9. excitado es citado

10. ¡No vale! ¡No baile!

EJERCICIO DE COMPRENSIÓN

*Andrés is daydreaming about what he would do if he won the lottery. Listen to what he says. Then answer the true/false (**Cierto**) or (**Falso**) statements which follow according to the information you hear. The selection will be read twice.*

1. Cierto   Falso

2. Cierto   Falso

3. Cierto   Falso

4. Cierto   Falso

5. Cierto   Falso

NOMBRE _____ FECHA _____ CLASE _____

LECCIÓN 19

El amor hace girar al mundo

I. El artículo definido

Listen to the following questions and the cues that follow. Form a sentence from each one, adding articles where necessary.

MODELO ¿Con quién habla Elena? (Sor Juana)
Elena habla con Sor Juana.

II. Los adverbios

A. Form an adverb from each word you hear by adding the suffix **-mente**. Then repeat the correct answer after the speaker.

MODELO lento
lentamente

B. Repeat the following sentences, changing the adverbial construction **con**(+) noun to the adverbial form ending in **-mente**. Then repeat the correct response after the speaker.

MODELO Ramona siempre maneja con cuidado.
Ramona siempre maneja cuidadosamente.

III. *Pero, sino* y *sino que*

Complete the following sentences with **pero, sino** or **sino que** and the phrases below. Then repeat the correct response after the speaker.

MODELO You hear: No tengo frío...
You see: _____ calor.
You say: **No tengo frío sino calor.**

1. _____ no lo compró.
2. _____ cassettes.
3. _____ prefiero el alemán.
4. _____ vuelve.
5. _____ a mí, sí.

EJERCICIO DE COMPRENSIÓN

The following dialogue is between Señora Padilla, a marriage counselor, and Rosario, a young woman who is having problems with her boyfriend. The dialogue will be read twice followed by seven true/false questions. Circle **Cierto** or **Falso**, according to what you hear.

1. Cierto   Falso
2. Cierto   Falso
3. Cierto   Falso
4. Cierto   Falso
5. Cierto   Falso
6. Cierto   Falso
7. Cierto   Falso

PRONUNCIACIÓN

The following words contain the ll and y sounds. Repeat each word after the speaker.

1. ya
2. lluvia
3. gallo
4. ayuda
5. bello
6. leyó
7. Mallorca
8. Sevilla
9. mantequilla
10. cuya
11. cayeron
12. coyote
13. calle
14. valle
15. huye

EJERCICIO DE COMPRENSIÓN

Listen to the following personal ads. In each case, decide whether the author values appearance, intelligence or character more in his or her ad. You will hear each ad twice.

a. apariencia   b. inteligencia   c. carácter

The following vocabulary will help you to better understand the ads.

afines	*compatible*	hogareño	*homebody*
alma de caridad	*charitable soul*	maquillada	*made-up (cosmetically)*
bien parecido	*good looking*	Platón	*Plato*
caballero	*gentleman*	reina	*queen*
corazón	*heart*	rey	*king*
fiel	*loyal*	sencillo	*simple*
fines	*intentions*	serio	*serious*

1. _____
2. _____
3. _____
4. _____
5. _____
6. _____
7. _____
8. _____
9. _____
10. _____

NOMBRE _____ FECHA _____ CLASE _____

LECCIÓN 20

¿El que manda?

I. El participio pasado

A. Listen to the following sentence fragments. Choose the word below that best completes each sentence. Each sentence fragment will be repeated.

1. a. cansada. b. puesta. c. contada.
2. a. decidido. b. arruinado. c. muerto.
3. a. atrasados. b. rotos. c. cansados.
4. a. vestidas. b. escritas. c. divertidas.
5. a. adelantado. b. puesto. c. dormido.
6. a. empezada. b. querida. c. abierta.
7. a. pintados. b. rotos. c. puestos.
8. a. cubierta. b. aburrida. c. operada.
9. a. divertido. b. colgado. c. muerto.
10. a. conocido. b. sentado. c. decidido.

B. Listen to the following questions and answer them using **estar** + the past participle. Then repeat the correct response after the speaker.

MODELO   ¿Alguien cerró las puertas?
No se preocupe. Las puertas ya están cerradas.

II. Comparativos y superlativos

A. Listen to the following sentences. Combine them into a single comparison, starting with the first subject. Then repeat the correct response after the speaker.

MODELO   Mis hijos son mimados. Los hijos de Carmen son mimados, también.
Mis hijos son tan mimados como los hijos de Carmen.

B. Answer each of the following questions using the absolute superlative. Then repeat the correct response after the speaker.

MODELO   ¿Son ellos muy ricos?
Sí, ellos son riquísimos.

C. Listen to the following sentences. Repeat each one, changing the adjectives and adverbs to the opposite of those in the original sentence. Then repeat the correct response after the speaker.

MODELO   Para mí, la Pepsi es peor que la Coca-Cola.
Para mí, la Pepsi es mejor que la Coca-Cola.

EJERCICIO DE COMPRENSIÓN

*Listen to the results of a survey that was taken to find out what men like most in a woman. The report will be read twice followed by four true/false statements. Circle **Cierto** or **Falso**, according to what you hear.*

1. Cierto   Falso
2. Cierto   Falso
3. Cierto   Falso
4. Cierto   Falso

PRONUNCIACIÓN

Listen to the following words and repeat them after the speaker.

guerra	general
gato	jarro
gitano	guitarra
gota	jota
guru	juventud

DICTADO

Listen to the following words and write them below. Each word will be repeated.

1. _____   6. _____
2. _____   7. _____
3. _____   8. _____
4. _____   9. _____
5. _____   10. _____

EJERCICIOS DE COMPRENSIÓN

A. *Listen to the following sentences. Indicate whether they are true or false by circling **Cierto** or **Falso**. Each sentence will be repeated.*

1. Cierto   Falso   4. Cierto   Falso
2. Cierto   Falso   5. Cierto   Falso
3. Cierto   Falso

NOMBRE _____ FECHA _____ CLASE _____

B. Both Marta and her husband, Pedro, have job offers. They are in different cities, far from each other. Before deciding where to go, they want to compare the advantages of each. Listen to the dialogue. Then, indicate which job is better in each of the categories listed. The dialogue will be read twice.

The following vocabulary will help you to better understand the dialogue.

cobertura de salud	*health coverage*	oferta	*offer*
demorar	*to delay*	seguro de vida	*life insurance*
mitad	*half*		

	Marta	Pedro
1. sueldo	_____	_____
2. beneficios	_____	_____
3. traslado al trabajo (*commute*)	_____	_____
4. vacaciones	_____	_____
5. costo de vida	_____	_____
6. ventajas para la familia	_____	_____

Lección 20

NOMBRE _____ FECHA _____ CLASE _____

LECCIÓN 21

La mujer hispana: ¿En camino o en cadenas?

I. Los diminutivos

*Repeat the words you hear, changing them to the diminutive form with **-ito**. Then repeat the correct response after the speaker.*

MODELO   Juan
                Juanito

II. Repaso del subjuntivo

A. *Listen to the following questions. Answer them, using the cue at the end of each and the **usted** command. Substitute object pronouns whenever possible. Then repeat the correct response after the speaker.*

MODELO   ¿Prendo las luces ahora? (Sí)
                Sí, préndalas.

B. *Margarita can't decide which is more romantic. Change the following affirmative commands to the negative. Then add a new affirmative command, using the cues you hear.*

MODELO   Cómprame flores. (llevarme al cine)
                No me compres flores; llévame al cine.

C. *Listen to the following sentences. Form new sentences using the subjunctive and the cue you hear at the end of each sentence. Then repeat the correct response after the speaker.*

MODELO   Prefiere hacerse médico. (que su hijo)
                Prefiere que su hijo se haga médico.

EJERCICIO DE COMPRENSIÓN

*Listen to the following passage. Then answer the true/false (**Cierto** or **Falso**) questions according to the information you hear. The passage will be read twice.*

The following vocabulary will help you to better understand the passage.

agotados	*exhausted*	disminuir	*to diminish*
canadiense	*Canadian*	propia estimación	*self-esteem*
dañar	*to harm*		

1. Cierto   Falso
2. Cierto   Falso
3. Cierto   Falso
4. Cierto   Falso
5. Cierto   Falso
6. Cierto   Falso

PRÁCTICA AUDITIVA

Listen to the following words. Underline the word or phrase that you hear. Each word or sentence will be repeated.

1. orar — hogar
2. recado — recuerdo
3. soda — sota
4. vivieras — vivieres
5. altanismo — al turismo
6. huelga — huela — huelan
7. verte — vértigo — verte
8. atroz — arroz
9. dardo — dado
10. fatal — fetal

PRONUNCIACIÓN

Listen to the following words that contain the letter ñ and repeat them after the speaker.

año — español
piña — mañana
niño — reñir
tamaño — daño
señal — bañarse

EJERCICIO DE COMPRENSIÓN

Listen to the following statements by several women. Indicate whether you think that the male behavior described is **machista** *(male chauvinist) or not.*

NOMBRE _____ FECHA _____ CLASE _____

Machista   **No machista**

1. _____   _____
2. _____   _____
3. _____   _____
4. _____   _____
5. _____   _____
6. _____   _____
7. _____   _____
8. _____   _____

NOMBRE _____ FECHA _____ CLASE _____

LECCIÓN 22

Como de costumbre

I. La voz pasiva

A. *Listen to the following sentences. Change them from the active voice to the passive voice. Then repeat the correct response after the speaker.*

MODELO   Los moros invadieron España en 711.
   España fue invadida por los moros en 711.

B. *Listen to the following response to the question ¿Qué se hace en una iglesia? Circle* **Cierto** *or* **Falso***, according to what you hear. Each sentence will be repeated.*

1. Cierto   Falso
2. Cierto   Falso
3. Cierto   Falso
4. Cierto   Falso
5. Cierto   Falso

6. Cierto   Falso
7. Cierto   Falso
8. Cierto   Falso
9. Cierto   Falso
10. Cierto   Falso

EJERCICIO DE COMPRENSIÓN

For many Catholics, Lent is a time of abstinence. For Spanish Catholics who choose to abstain from eating meat during Lent, the Spanish tortilla, or omelet, is a delicious alternative. Listen to the following recipe for the Spanish tortilla. It will be read twice followed by true/false statements. Circle **Cierto** *or* **Falso***, according to what you hear.*

The following vocabulary will help you to better understand the recipe.

aceite de oliva	olive oil	pelar	to peel
batido	whipped; beaten	una pizca de sal	a pinch of salt
blando	soft	sartén	frying pan
cocido	cooked	tapar	to cover
doradito	a little browned		

1. Cierto   Falso
2. Cierto   Falso
3. Cierto   Falso
4. Cierto   Falso
5. Cierto   Falso

Copyright © 1992 Holt, Rinehart and Winston, Inc. All rights reserved

II. *To become*

Repeat the sentences you hear, substituting the verb given at the end of each sentence. Use the present perfect tense of the verb. Then repeat the correct response after the speaker.

MODELO La situación es difícil. (volverse)
La situación se ha vuelto difícil.

EJERCICIO DE COMPRENSIÓN

*The religions of ancient indigenous tribes are fascinating. Listen to the following narration about the Inca religion. Circle **Cierto** or **Falso** in your lab manual according to what you hear. The narration will be read twice.*

The following vocabulary will help you to better understand the narration.

asuntos	*matters*	naturaleza	*nature*
barba	*beard*	reinar	*to reign*
estrellas	*stars*	sencillo	*simple*
imperio	*empire*	tierra	*earth*

1. Cierto   Falso
2. Cierto   Falso
3. Cierto   Falso
4. Cierto   Falso
5. Cierto   Falso

DICTADO

Listen to the following sentences and write them below, paying special attention to the punctuation. Each sentence will be repeated.

1. _____
2. _____
3. _____
4. _____
5. _____

NOMBRE _____ FECHA _____ CLASE _____

EJERCICIO DE COMPRENSIÓN

Listen to the following groups of words, Circle the letter of the word that does not belong with the others. Each group of words will be repeated.

1. a. b. c. d.
2. a. b. c. d.
3. a. b. c. d.
4. a. b. c. d.
5. a. b. c. - d.
6. a. b. c. d.
7. a. b. c. d.

NOMBRE _____ FECHA _____ CLASE _____

LECCIÓN 23

El alma hispana

I. El infinitivo

A. *Listen to the following incomplete sentences. Then choose a word or expression from the list to complete the sentences. Each incomplete sentence will be read twice. Repeat the correct response after the speaker.*

MODELO   _____ requiere mucha disciplina personal.
              Adelgazar requiere mucha disciplina personal.

besar	ir a misa
comer	llorar
compartir	predicar
enterrar	vestirse de luto
hacer ejercicios	votar

B. *When Señor Soto died, the grandchildren tried to comfort Señora Soto. Listen to the following sentences. Change the subject of the second clause to the indirect object of the impersonal expression. Each sentence will be read twice. Repeat the correct response after the speaker.*

MODELO   Abuelita, es mejor que tú duermas ahora.
              Abuelilta, te es mejor dormir ahora.

II. El infinitivo y el gerundio

Listen to the following sentence fragments. Circle the ending that best completes each one. Each sentence fragment will be repeated.

1. a. llamar   b. llamando
2. a. esperándote   b. esperarte
3. a. comiendo   b. comer
4. a. llorando   b. llorar
5. a. consolándola   b. consolarla
6. a. rezar   b. rezando
7. a. fumando   b. fumar
8. a. hacerlo   b. haciéndolo
9. a. buscar   b. buscando
10. a. sufriendo   b. sufrir

III. La construcción recíproca

Listen to the following sentences. Combine them into one sentence using the reciprocal construction. Then repeat the correct response after the speaker.

MODELO Papá ayuda a mamá. Mamá ayuda a papá.
Papá y mamá se ayudan.

EJERCICIO DE COMPRENSIÓN

*Gonzalo, who is from Honduras, talks about funeral customs in his country. Listen to the following narration. The narration will be read twice, followed by five true/false statements. Circle **Cierto** or **Falso** according to what you hear.*

The following vocabulary will help you to better understand the narration.

alquilar	*to rent*
casa funeraria	*funeral home*
dolido	*bereaved*
doliente	*bereaved one*
misa de cuerpo presente	*funeral mass*

1. Cierto   Falso
2. Cierto   Falso
3. Cierto   Falso
4. Cierto   Falso
5. Cierto   Falso

PRÁCTICA AUDITIVA

Listen to the following words. Underline the word you hear. Each sentence will be repeated.

1. de   te
2. Marta   malta
3. barca   parca
4. cara   cada
5. pala   bala

6. vela   vera
7. viento   miento
8. moda   mora
9. tía   día
10. muro   mulo

NOMBRE _____ FECHA _____ CLASE _____

EJERCICIO DE COMPRENSIÓN

Listen to the following groups of words. Circle the letter of the word that does not belong with the others. Each group of words will be repeated.

1. a.   b.   c.   d.
2. a.   b.   c.   d.
3. a.   b.   c.   d.
4. a.   b.   c.   d.
5. a.   b.   c.   d.
6. a.   b.   c.   d.
7. a.   b.   c.   d.

NOMBRE _____ FECHA _____ CLASE _____

LECCIÓN 24

¡Celebremos!

I. Repaso del subjuntivo

A. *Listen to the following sentences. Form new sentences using the subjunctive and the cue you hear. Then repeat the correct response after the speaker.*

MODELO   Quiero comprar un regalo. (gustarle a mi tía)
                Quiero comprar un regalo que le guste a mi tía.

B. *The Marichal family divides their holidays between the two sets of grandparents. Christmas Eve is always spent at the home of Señor Marichal's parents. Complete the following sentence fragments using the subjunctive and the cue you see. Then repeat the correct response after the speaker.*

MODELO   Voy a traer el turrón a menos que lo... (comprar / Julián)
                Voy a traer el turrón a menos que lo compre Julián.

1. llegar / papá
2. no venir / mis primos
3. divertirse / los niños
4. despertarse / el bebé
5. brindar / el abuelo
6. portarse bien / los niños
7. traer los regalos / San Nicolás

II. Verbos que expresan obligación

Everyone helps to make Christmas Eve dinner at the Marichal home a special event. Listen to the following phrases and form sentences using the cue you see. Then repeat the correct response after the speaker.

MODELO   limpiar la casa (la sirvienta / tener que)
                La sirvienta tiene que limpiar la casa.

1. todos / tener que
2. mamá / deber
3. la abuela y la tía / tener que
4. papá / deber
5. los niños / haber de
6. yo / tener que
7. el abuelo / haber de
8. los primos / deber

EJERCICIOS DE COMPRENSIÓN

A. *The equator divides the world into the northern and the southern hemispheres. Therefore, in many South American countries the seasons do not correspond to the same months as in the United States. In these countries Christmas has a whole different look. Listen to the narration about Christmas in South America. The narration will be read twice, followed by eight true/false statements. Circle **Cierto** or **Falso** according to what you hear.*

The following vocabulary will help you to better understand the narration.

agua corriente	*running water*	nacimiento	*creche; manger scene*
al aire libre	*open-air*	navideña	*Christmas (adj.)*
estación	*season*	panecillos	*little bread rolls*
fiesta veraniega	*summer party*	fuegos artificiales	*fireworks*

1. Cierto   Falso
2. Cierto   Falso
3. Cierto   Falso
4. Cierto   Falso

5. Cierto   Falso
6. Cierto   Falso
7. Cierto   Falso
8. Cierto   Falso

B. *Listen to the following groups of words. Circle the letter of the word that does not belong with the others. Each group of words will be repeated.*

1. a.   b.   c.   d.
2. a.   b.   c.   d.
3. a.   b.   c.   d.
4. a.   b.   c.   d.
5. a.   b.   c.   d.

C. *Listen to the following sentences. Indicate whether they are true or false by circling **Cierto** or **Falso**. Each sentence will be repeated.*

1. Cierto   Falso
2. Cierto   Falso
3. Cierto   Falso
4. Cierto   Falso
5. Cierto   Falso

Soluciones

LECCIÓN 1
Ejercicio de comprensión

1. Falso   2. Cierto   3. Cierto   4. Falso   5. Falso

Ejercicio de comprensión: *Cámara 1*

1. facultades, zonas deportivas
2. medicina, derecho, ingeniería
3. públicas, privadas
4. 35
5. información, telecomunicaciones
6. Madrid, Barcelona

LECCIÓN 2
Ejercicio de comprensión

1. Falso   2. Cierto   3. Cierto   4. Cierto   5. Falso

Práctica auditiva

1. charlar   2. eligen   3. enseñan   4. la beca   5. la ausencia
6. lapicero   7. obligatoria   8. física y química   9. Hablaba bien   10. Estudia árabe

Dictado

1. Alberto hace la carrera de Derecho en la Universidad de Lima.
2. Está ya en el quinto curso y saca notas muy buenas.
3. Es un estudiante muy aplicado y trabajador.
4. La próxima semana tienen un examen muy importante y lleva varios años estudiando mucho.
5. Alberto no va a tener ningún problema en graduarse en el mes de junio.
6. Quiere especializarse en derecho y ser un buen abogado.

Ejercicio de comprensión

Nombre: Jaime

Apellido: Ortiz

Lugar y fecha de nacimiento: Cuba, el 5 de septiembre

Curso: segundo

Facultad: medicina

Asignaturas: francés, química, biología

Soluciones

LECCIÓN 3

A. 1. la 2. el 3. la 4. el 5. el
6. la 7. la 8. el 9. la 10. el
11. el 12. la 13. el 14. el 15. el
16. el 17. la 18. la 19. la 20. la

B. 1. las plumas 2. los lunes 3. las manzanas 4. los carros
5. los mapas 6. las educaciones 7. las asignaturas 8. los problemas
9. las facultades 10. los temas 11. los cursos 12. la plata (no plural form)
13. los lápices 14. los semestres 15. los exámenes 16. los idiomas
17. la biología (no plural form) 18. las primaveras 19. las solicitudes 20. las tesis

Ejercicios de comprensión

A. 1. Cierto 2. Falso 3. Cierto 4. Cierto 5. Falso

B. 1. b 2. b 3. d
4. a 5. c 6. c
7. a 8. c 9. b

C. 1. no recomendable 2. recomendable 3. no recomendable
4. no recomendable 5. recomendable 6. recomendable
7. recomendable 8. no recomendable 9. no recomendable

LECCIÓN 4
Definiciones

A. 1. llorar 2. el bisabuelo 3. la suegra
4. reír 5. confiar en 6. el yerno
7. los gemelos 8. el tío 9. morir

Ejercicios de comprensión

A. 1. Falso 2. Falso 3. Cierto 4. Falso
5. Cierto 6. Cierto 7. Falso 8. Cierto

B. 1. bisabuela 2. primo 3. hermana 4. tía 5. sobrino

Práctica auditiva

A. 1. puro 2. deberes 3. cuando 4. dolores 5. ¿Ah, sí?
6. lees 7. trabajar 8. esta habilidad 9. inflación 10. extraño

Dictado

La natalidad en España se está cayendo rápidamente. //

Es decir, hay cada vez menos niños por persona.

El año pasado, el número de personas que murieron fue mayor que el número de bebés que nacieron. Antes, las familias contaban ocho, diez o hasta doce hijos.

En el año 1976, la media por mujer fue 2, 5 hijos. En 1990, este número bajó a 1, 3. Pero durante este período también hubo muchos inmigrantes que se trasladaron de Hispanoamérica. Sin embargo, en España, hay cada vez más ancianos y menos jóvenes.

LECCIÓN 5
Ejercicio de comprensión: *Cámara 1*

1. Falso
2. Cierto
3. Falso
4. Cierto
5. Falso
6. Cierto

Ejercicio de comprensión

1. Río Piedras 325
2. Santiago
3. madera
4. 5 dormitorios; 2 ½ baños
5. salón, sala, comedor, cocina
6. No, Sí, Sí
7. eléctrica
8. lavadora, horno

LECCIÓN 6
Práctica auditiva

1. Compró un elegante pantalón de color marrón.
2. Lucía se llevó el automóvil a su magnífica mansión.
3. Este suéter cuesta casi dieciséis dólares.
4. Quería decírtelo después de la reunión.
5. La mayoría de los árboles se cayeron.

Definiciones

1. lavar
2. el sillón
3. el armario
4. el mono
5. el vecino
6. descansar
7. la depresión
8. el tiburón
9. la escoba
10. el patio

Ejercicios de comprensión

A. 1. c 2. f 3. c 4. f 5. c 6. f

B. 1. c 2. c 3. a 4. b 5. c

Ejercicio de comprensión: *Cámara 1*

1. b
2. f
3. d
4. b
5. a
6. d
7. c
8. e

LECCIÓN 7

1. 1:30
2. 7:45
3. 9:00 on the dot
4. 3:10
5. 12:15
6. 5:20
7. 3.35
8. 12:00 noon

Soluciones

II. Los interrogativos

1. b   2. a   3. a   4. b   5. a

Pronunciación

1. tierra   2. rojo   3. cara   4. carro   5. fuerte
6. comprendo   7. torre   8. parada   9. rey   10. mentira

LECCIÓN 8
Ejercicio de comprensión

1. Falso   2. Cierto   3. Cierto   4. Cierto   5. Falso

Ejercicios de comprensión

A. 1. Cierto   2. Falso   3. Cierto   4. Falso   5. Falso
B. 1. b   2. c   3. a   4. d   5. d
6. a   7. b   8. c   9. d   10. b

Ejercicio de comprensión: *Cámara 1*

1. Cierto   2. Falso   3. Cierto   4. Falso   5. Falso

LECCIÓN 9
Ejercicios de comprensión

A. 1. c   2. c   3. b   4. a   5. c
B. 1. ciudad   2. ciudad   3. campo   4. ciudad   5. casa
6. campo   7. casa   8. ciudad   9. casa   10. ciudad

Práctica auditiva

A. 1. bebé   2. red   3. vaso   4. dado   5. me decía
6. no, es peor   7. un vuelo   8. obrero   9. merecemos   10. No va a ver nada.

B. 1. Me rompí la nariz al caerme del sillón.

2. Haré un examen teórico-práctico.

3. El capítulo sobre psicología adolescente es fácil.

4. Los países nórdicos son más fríos que los latinos.

5. El árbol que plantaron está detrás del jardín.

Ejercicio de comprensión: *Cámara 1*

en la tarde:	se puede comprar *fantasía, recuerdos, ropa, arte, joyería fina*, artesanía local *flores, perfumes*
a la hora de comer:	*mariscos*
de noche:	*visitar el casino, bailar en las discotecas*
a toda hora:	*ambiente y del excelente servicio*

LECCIÓN 10

```
AEROLÍNEA _____Yucatecas_____

Nombre del pasajero ____Leonard Larson____

Número total de viajéros _____10_____

Destino          Fecha        Hora/Salida   Hora/Llegada   Vuelo   Clase(1°, TU)
Ciudad de México 11 de julio  10 30         18 30          85      TU

¿Escala?  (Sí)  No   Ciudad _____San Antonio TX_____

Tarifa: $ ___467 00___ por persona
```

Pronunciación

1. papa / papá
2. peine / peiné
3. anden / andén
4. anima / ánima
5. ansia / ansía
6. apuro / apuró
7. duro / duró
8. la mina / lámina
9. espanto / espantó
10. baile / bailé

Entonación

1. R
2. P
3. P
4. R
5. P
6. R
7. P
8. P
9. R
10. P

Ejercicio de comprensión

1. a
2. b
3. a
4. b
5. c

LECCIÓN 11
Ejercicio de comprensión

1. Falso
2. Falso
3. Cierto
4. Cierto
5. Falso

Práctica auditiva

1. acaso
2. acabado
3. meta
4. aro
5. juego
6. es cojo
7. lema
8. respetó
9. basta
10. miel

LECCIÓN 12
Ejercicios de comprensión

A.

ANA: ¡Qué fotos más buenas! ¿Dónde las sacaste?

MANUEL: ¿Te gustan? Las saqué en España este verano.

Soluciones

ANA:	¿Qué castillo es éste? ¡Me encanta!	
MANUEL:	Es el Castillo de la Mota. Es una maravilla. En total vimos más de diez castillos en todo el país.	
ANA:	¿Y este palacio?	
MANUEL:	¡Ah! Es la Alhambra de Granada. Para mí, Granada fue una revelación.	
ANA:	¿Es Andalucía tan bonita como se dice?	
MANUEL:	¡Mucho más! Otra región que me gustó mucho y que quizás es menos conocida para los turistas es Galicia. En especial, Santiago de Compostela. Me pareció una ciudad preciosa.	
ANA:	¡Qué ganas de ir a España!	
MANUEL:	Pues, cuando quieras ir me lo dices. ¡Me encantaría volver!	

1. Sí, a Ana le encantan las fotos de Manuel.
2. Manuel vió más de diez castillos en España.
3. Se llama el Castillo de la Mota.
4. Se dice que Andalucía es muy bonita.
5. Santiago de Compostela está en Galicia.

B. 1. b 2. b 3. a 4. b 5. b
   6. a 7. a 8. a 9. a 10. b

C. 1. Falso 2. Cierto 3. Falso
   4. Falso 5. Cierto 6. Cierto

Ejercicios de comprensión: *Cámara 1*

A. 1. Falso 2. Cierto 3. Falso 4. Cierto 5. Falso

B. 1. traje de baño 2. jabón 3. refresco dietético 4. collar, aretes, anillo

Práctica auditiva

1. a 2. a 3. b 4. b 5. a

LECCIÓN 13
Ejercicio de comprensión: *Cámara 1*

1. frío
2. calor
3. difíciles
4. frío ahora en Europa
5. veinte años
6. mes de julio
7. muertes
8. varios países
9. naturaleza
10. otros desastres
11. sufrió las peores
12. recuerde
13. nuestro país
14. inundaciones
15. La zona más afectada
16. lluvias y las
17. habitantes
18. desastres anteriores

Práctica auditiva

1. salario
2. hasta
3. alquiler
4. contando
5. abrir
6. datar
7. puesta
8. la mina

1. a and b
2. b and d
3. d
4. a and c

LECCIÓN 14
Ejercicio de comprensión

1. Cierto
2. Cierto
3. Falso
4. Falso
5. Falso
6. Cierto

Ejercicio de comprensión

1. Falso
2. Cierto
3. Cierto
4. Falso
5. Falso

LECCIÓN 15
Ejercicio de comprensión

A. 1. d 2. a 3. e 4. c 5. d
6. a 7. b 8. a 9. b 10. d

B. 1. Falso 2. Cierto 3. Cierto
4. Falso 5. Falso 6. Cierto

C. 1. Guinea Ecuatorial
2. La isla de Bioko y una área en Africa, llamada Río Muni
3. menos de 400.000 habitantes
4. tropical
5. cacao, madera, café
6. los portugueses y los españoles

D. 1. a 2. c 3. b 4. c 5. b

LECCIÓN 16
Práctica auditiva

1. present
2. imperfect
3. present
4. present
5. imperfect

Ejercicio de comprensión

1. Cierto
2. Cierto
3. Cierto
4. Falso
5. Cierto

Ejercicios de comprensión

A. 1. c 2. a 3. c
4. a 5. a 6. c

B. 1. Cierto 2. Falso 3. Falso 4. Cierto 5. Falso

LECCIÓN 17
Preposiciones

C. 1. No   2. Sí   3. No   4. Sí   5. Sí
6. Sí   7. No   8. Sí   9. No   10. Sí

Ejercicios de comprensión

A. 1. Falso   2. Falso   3. Falso   4. Cierto   5. Cierto

B. 1. Falso   2. Falso   3. Cierto
4. Falso   5. Cierto   6. Falso

LECCIÓN 18
¿Subjuntivo o indicativo?

1. subjuntivo
2. indicativo
3. subjuntivo
4. subjuntivo
5. indicativo
6. subjuntivo
7. indicativo
8. indicativo
9. subjuntivo
10. subjuntivo

Práctica auditiva

A. 1. b   2. b   3. c   4. b   5. a

B. 1. Falso   2. Cierto   3. Falso   4. Falso   5. Cierto

Entonación

1. valor   2. meciera   3. huevo   4. vuela   5. Esquía mal.
6. mira   7. lodo   8. a través   9. es citado   10. ¡No vale!

Ejercicio de comprensión

1. Falso   2. Falso   3. Falso   4. Falso   5. Falso

LECCIÓN 19
Ejercicio de comprensión

1. Cierto   2. Falso   3. Cierto   4. Falso   5. Cierto
6. Falso   7. Cierto

Ejercicio de comprensión

1. b   2. c   3. b   4. c   5. a
6. b   7. c   8. a   9. c   10. a

LECCIÓN 20
El participio pasado

A. 1. b 2. b 3. c 4. b 5. a
6. c 7. b 8. a 9. b 10. c

Ejercicio de comprensión

1. Falso 2. Cierto 3. Cierto 4. Falso

Dictado

1. inmoral 2. atmósfera 3. obstinado 4. sección 5. adquirir
6. abstracto 7. obtener 8. actitud 9. responsable 10. inquietud

Ejercicios de comprensión

A. 1. Falso 2. Cierto 3. Cierto 4. Falso 5. Falso
B. 1. Marta 2. Pedro 3. Pedro
4. Marta 5. Pedro 6. Pedro

LECCIÓN 21
Ejercicio de comprensión

1. Falso 2. Falso 3. Cierto
4. Cierto 5. Falso 6. Cierto

Práctica auditiva

1. hogar 2. recuerdo 3. soda 4. vivieras 5. al turismo
6. huela 7. verte 8. arroz 9. dado 10. fatal

Ejercicio de comprensión

1. machista 2. no machista 3. no machista 4. no machista
5. machista 6. no machista 7. no machista 8. machista

LECCIÓN 22
La voz pasiva

B. 1. Cierto 2. Cierto 3. Cierto 4. Falso 5. Falso
6. Cierto 7. Cierto 8. Falso 9. Cierto 10. Falso

Ejercicio de comprensión

1. Cierto 2. Cierto 3. Falso 4. Falso 5. Falso

Ejercicio de comprensión

1. Cierto 2. Falso 3. Falso 4. Falso 5. Cierto

Dictado

A. 1. Y el niño ¿dónde está?

2. No tengo ni idea.

3. Entonces, ¡ve a buscarlo!

4. Bueno, ¡no te pongas así!

5. Es que me da miedo que le haya pasado algo.

Ejercicio de comprensión

A.	1. b	2. b	3. a	4. d
	5. c	6. d	7. b	

LECCIÓN 23
El infinitivo y el gerundio

1. a	2. a	3. b	4. b	5. a
6. a	7. b	8. a	9. b	10. a

Ejercicio de comprensión

1. Falso	2. Falso	3. Falso	4. Cierto	5. Cierto

Práctica auditiva

1. de	2. malta	3. parca	4. cara	5. pala
6. vera	7. miento	8. mora	9. tía	10. mulo

Ejercicio de comprensión

1. d	2. a	3. c	4. d
5. b	6. d	7. c	

LECCIÓN 24
Ejercicios de comprensión

A.	1. Cierto	2. Falso	3. Cierto	4. Falso	
	5. Cierto	6. Falso	7. Falso	8. Falso	
B.	1. a	2. a	3. d	4. d	5. c
C.	1. Cierto	2. Falso	3. Cierto	4. Falso	5. Falso